GOTTESDIENST PRAXIS SERIE B

Arbeitshilfen für die Gestaltung von Gottesdiensten zu Kasualien, Feiertagen, besonderen Anlässen und Arbeitsbücher für die Gemeindepraxis

Herausgegeben von Erhard Domay

Gütersloher Verlagshaus

OSTERN

Gottesdienste · Osternachtfeiern · Predigten zu Texten und Symbolen · Liturgische Stücke

Herausgegeben von Erhard Domay

Mit einer pastoralsoziologischen Einführung von Karl-Fritz Daiber

Gütersloher Verlagshaus

Die Deutsche Bibliothek - CIP-Einheitsaufnahme

Gottesdienstpraxis - Gütersloh : Gütersloher Verl.-Haus.
Teilw. mit sachlicher Benennung der Abt.: Arbeitshilfen für die Gottesdienste zu den Festzeiten und Kasualien. - Teilw. mit sachlicher Benennung der Abt.: Arbeitshilfen für die Gottesdienste zu den Festzeiten und für Kasualien

Ser. B, Arbeitshilfen für die Gestaltung von Gottesdiensten zu Kasualien, Feiertagen, besonderen Anlässen und Arbeitsbücher für die Gemeindepraxis / hrsg. von Erhard Domay.

NE: Domay, Erhard [Hrsg.]; Arbeitshilfen für die Gestaltung von Gottesdiensten zu Kasualien, Feiertagen, besonderen Anlässen und Arbeitsbücher für die Gemeindepraxis

Ostern : Gottesdenste - Osternachtfeiern - Predigten zu Texten und Symbolen - liturgische Stücke / hrsg. von Erhard Domay. Mit einer pastoralsoziologischen Einf. von Karl-Fritz Daiber. - 1995.
ISBN 3-579-02976-2
NE: Daiber, Karl-Fritz

ISBN 3-579-02976-2

Satz: Fotosetzerei Steggemann, Herford
Druck und Bindung: Ebner Ulm
Umschlagentwurf: Franz Wöllzenmüller, Oberhaching, unter Verwendung eines Fotos von Gabriele Domay

Gedruckt auf chlorfrei gebleichtem Werkdruckpapier

Printed in Germany

Inhalt

Pastoralsoziologische Einführung

Karl-Fritz Daiber

Eine kleine persönliche Vorbemerkung muß ich schon machen: Erhard Domays Idee, die Bände von Gottesdienstpraxis, Serie B, pastoralsoziologisch einzuführen, fand ich spontan einleuchtend und überzeugend. Ich assoziierte dabei Themen wie Konfirmation, Trauung oder Beerdigung und dachte nicht daran, daß es etwa auch um das Thema »Ostern« gehen könnte. Und dann kam der erste Auftrag: Eine pastoralsoziologische Einführung zum Band »Ostern« sollte geschrieben werden. Mit »Ostern« hatte ich mich noch nie unter pastoralsoziologischen Gesichtspunkten beschäftigt. Unter theologischen natürlich, auch unter praktisch-theologischen, aber ausgerechnet unter pastoralsoziologischen? Was tue ich überhaupt, wenn ich ein Problem »pastoralsoziologisch« bearbeite? Ich versuchte mir zu verdeutlichen, was ich darunter verstehe: Pastoralsoziologie beschäftigt sich sozialwissenschaftlich mit Problemstellungen, die sich im Rahmen des Handelns der Kirche als relevant erweisen. Wer sich mit der Kirche und ihren Handlungsvollzügen beschäftigt, begegnet Religion. Anders als Religionssoziologie ist die Pastoralsoziologie daraufhin orientiert, praktische Fragestellungen zu bearbeiten. Ähnlich wie die Religionssoziologie wirft sie zunächst einen Blick von »außen« auf die Kirche. Sie setzt die Innenperspektive für Phasen des Nachdenkens außer Kraft, um gerade die Außenperspektive für die Praxis zu erschließen. Außenperspektive heißt: Ich betrachte sozialwissenschaftlich, und sozialwissenschaftlich heißt für mich: Ich versuche nicht zu werten, sondern wahrzunehmen, so »wertfrei« ich immer wahrnehmen kann. Pastoralsoziologie versucht, dazu anzuleiten, Forschungsergebnisse der Sozialwissenschaften, die für die Kirche praxisrelevant sind, aufmerksam zu sichten, dann aber schon die Frage nach ihrer Bedeutsamkeit zu stellen.
Kan man Ostern »pastoralsoziologisch« betrachten? Ich versuche es.

Ostern - ein Fest

Meine wichtigste Entdeckung beim Suchen einschlägiger Materialien waren Überlegungen von Jan Assmann zur Festtheorie (Jan Assmann, Der zweidimensionale Mensch: Das Fest als Medium des kollektiven Gedächtnisses, in: Jan Assmann (Hg.), Das Fest und das Heilige - Religiöse Kontrapunkte zur Alltagswelt, Gütersloh 1991, 13-30). Assmann geht davon aus, daß Menschen nicht in Eindimensionalität, aufgehend in der Alltagswelt, leben können, sondern daß sie um ihres Menschseins willen eine zweite Lebensdimension brauchen, nämlich das Fest als Medium des kollektiven Gedächtnisses. Die These von Assmann hat handlungsanweisende Konsequenzen, ist aber zunächst gar nicht so gemeint. Sie ist eher beschreibend, religionsphänomenologisch orientiert: Menschen bilden neben der Alltagskultur immer auch eine Festkultur aus. Das Fest dient der Erinnerung, nicht der Erinnerung einer kommunikativen Gegenwart, zu der auch noch die Erinnerung derer zählt, die wir persönlich gekannt haben, die uns aber im Tod vorausgehen, Eltern- und Großelternerinnerung also. Das Fest erinnert nach Assmann noch an etwas anderes, an Grunderfahrungen, die sich in unsere Kultur eingeprägt haben. Feste sind Ausdruck des »kulturellen Gedächtnisses«. Indem sie gefeiert werden, realisiert sich die Kultur in sozialer Hinsicht, wird die Erinnerung an Kulturprägendes wachgehalten. Nicht aufgeschrieben wachgehalten, nicht durch Geschichtsschreibung, sondern in der Gestalt angehender, heute angehender Erzählung oder einfach eben in der Gestalt des Festes selbst. Feste sind Kontrapunkte im Alltag, sie sind das andere. Während der Alltag trotz seiner Strukturierung durch vorgegebene soziale Ordnungen immer auch durch Kontingentes, Zufälliges geprägt ist, will das Fest inszeniert sein. Es versteht sich nicht von selbst, es muß gestaltet werden. Während der Alltag die Sphäre der »Knappheit« darstellt, auch die Sphäre des »Mangels«, insbesondere etwa in den einfachen Gesellschaften oder in den armen Gesellschaftsschichten, ist das Fest »inszenierte Fülle«. Zum Fest gehört nach Assmann Verausgabung, und zwar gerade eine Verausgabung, die sich nicht an Gewinn- und Verlustrechnungen mißt. Aus bürgerlicher Perspektive ist das Fest einfacher Leute manchmal verschwenderisch. Aber könnte nicht wirklich im Fest eben jene Absicht stecken, das andere, eben die Fülle, zu inszenieren, an der man im Alltag nicht teilhat? Schließlich meint Assmann, sei für den Alltag Routine kennzeichnend. Auch Feste würden sich nach Regelhandeln orientieren, seien ritenbestimmt, die doch wieder etwas ganz anderes als Routinen beinhalten, Darstellung von Sinn nämlich, der sich in ihrem Vollzug selbst erschließt. Von daher wird Festlichkeit zur Alltagstranszendenz. Assmann kann sagen: »Das Fest ist der Ort einer Inszenierung von Schönheit und Ganzheit, auf die der Mensch angewiesen ist, ohne sie in seinem Alltagshandeln realisieren zu können.« (a.a.O., 17)

Ist Ostern ein Fest? Ich vermute, daß es in diesem Sinne ein Fest gewesen ist, christliches Hauptfest in der alten Kirche, Kontrapunkt zum Alltag, Fülle der Erlösung, Fest der gnädigen Zuwendung in der Feier der Taufe. In der orthodoxen Tradition, genauer in den orthodox geprägten europäischen Kulturen, scheint am ehesten die Lebendigkeit des Osterfestes weitergedauert zu haben: Die Erinnerung an die Auferstehung des Christus wird eingeholt in die Gegenwart des Lebens, des gefeierten Festes und dann von daher seinen Ausgangspunkt nehmend, auch in den Alltag. Die festliche Erinnerung ist keine Vorlesung über historische Ereignisse, die festliche Erinnerung ist mythisch. Mythisch deshalb, weil die Zeithorizonte in den Geschichten, in den erzählten Geschichten aufgehoben sind: Vergangenes ist Gegenwart, und Gegenwart bedeutet Zukünftiges. Der Auferstandene, die Geschichten von seiner Begegnung sind Geschichten, die die

Gegenwart verändern und die die Zukunft verändern. Sein Tod ist Aufhebung des Todes, des Todesgeschickes, dem menschliches Leben ausgeliefert ist. Könnte man sich nicht vorstellen, daß die Ostergeschichten ihren Ursprung im Fest haben, in der Festfreude, geboren aus der Gewißheit, daß der Gekreuzigte nicht tot ist, sondern lebt?
Bei Assmann findet sich ein nachdenkenswerter Satz: »Es steht ... zu vermuten, daß mit fortschreitender Verschriftlichung des kulturellen Gedächtnisses eine Bedeutungsminderung des Festes einhergeht.« (a.a.O., 27) Kulturen unterscheiden sich offensichtlich darin, wie sie ihr Gedächtnis realisieren, im Fest, in kodifizierten heiligen Schriften oder, von hoher Bedeutung in der Gegenwartskultur, etwa in Museen. Kulturen unterscheiden sich auch darin, welchen Rang religiöse Traditionen in ihnen haben. Fortgeschrittene Industriegesellschaften scheinen dadurch geprägt zu sein, daß religiöse Feste an Bedeutung verloren, daß zugleich andere Feste an Bedeutung gewonnen haben.
Ich schreibe diese Überlegungen in der Zeit der Fußballweltmeisterschaft 1994. Ist nicht eine Fußballweltmeisterschaft heute ein solches alltagstranszendendierendes Fest von so umfassender Bedeutung, daß religiöse Traditionen damit nicht mehr konkurrieren können?
Hier ist nicht über Säkularisierung zu klagen, eher davon zu sprechen, daß bereits im frühen Protestantismus die Abkehr vom Fest begann, nicht immer so ausgeprägt wie bei den Puritanern, aber doch auch deutlich akzentuiert. Können Protestanten Feste feiern? Ist das protestantische Osterfest trotz aller Erneuerungsversuche nicht doch auch von Dürftigkeit geprägt, von der Angst vor der versucherischen Kraft der Fülle? Die johanneische Geschichte von der Hochzeit zu Kana paßt in das protestantische Festverständnis nicht hinein. Und gegenüber der Vielfalt von Osterbrauchtum, das sich seit dem frühen Mittelalter um das deutsche Osterfest gruppiert hat, sind immer geheime Vorbehalte lebendig geblieben. Was aber ist ein Fest der Erlösung, das die Fülle der Erlösung in ihrer Bedeutung für das ganze Leben nicht zur Darstellung bringen kann?
Eines ist hier noch einmal aufzugreifen: Ist Ostern noch Ausdruck des kulturellen Gedächtnisses, oder ist Ostern Ausdruck des Gedächtnisses einer religiösen Minderheit geworden? Man sollte die Frage nicht vorschnell in die letztere Richtung beantworten. Hinweise auf die gesamtkulturelle Dimension von Ostern, vielleicht nicht des Osterfestes, aber der Osterbotschaft, lassen sich aufzeigen.

Ostern als Thematisierung der unerledigten Frage nach dem Tod

Mit wissenschaftlichen Mitarbeiterinnen und Studierenden zusammen habe ich mich im letzten Jahr in Marburg mit dem Thema »Religion in deutschen Printmedien« beschäftigt. Es ist schon erstaunlich, in welch hohem Maße auch in Zeitschriften, von denen man es gar nicht erwarten würde, das Kirchenjahr seinen Niederschlag findet, insbesondere aus

Anlaß der großen christlichen Feste Weihnachten, Ostern und Pfingsten. So hat sich beispielsweise im Jahr 1992 die April-Nummer des inzwischen eingestellten »Wiener« mit der Gruppe »The Cure« und ihrem Bandleader Robert Smith beschäftigt. Im Mittelpunkt des Gesprächs mit Smith stand eine Aussage wie die folgende: »Der Tod ist doch der treueste Begleiter jedes Menschen. Also sollte man ihn sich zum Freund machen. Denn morgen schon kann er uns in sein Reich entführen ...« Nach der Meinung des Interviewers setzte sich Smith deutlich von christlichen Lösungen ab. Die religiöse Frage spiele für ihn keine Rolle. Aber die Todesproblematik bleibt offenbar, und die Auseinandersetzung mit dem Tod wird nötig. Mit dem Tod vertraut sein, lautet nun die Devise. Genau dies erschließe entscheidende Lebenskraft. Das Interview ist kaum zufällig in der Oster-Nummer untergebracht. Ostern wird offenbar als Frage nach Tod und Leben gesehen, darum werden alternative Lösungen des Todesproblems angeboten. Was im Wiener existentiell-lebensangehend thematisiert wird, taucht in den politischen Magazinen intellektuell-distanziert auf. So beschäftigt sich beispielsweise Der Spiegel in seiner in der Karwoche 1994 erschienenen Nummer (Der Spiegel 13/1994) mit dem Buch des Göttinger Neutestamentlers Gert Lüdemann »Die Auferstehung Jesu«, in erster Auflage bei Vandenhoek & Ruprecht in Göttingen erschienen. Es ist kein Artikel, der von intellektueller Häme gekennzeichnet wäre: Nicht einmal die Theologen glauben mehr an die Auferstehung. Der Bericht steht immerhin unter der Frage: »Können wir noch Christen sein?« Die Antwort von Lüdemann wird folgendermaßen wiedergegeben: »Christen können Christen bleiben, auch wenn sie ›nicht an die Wiederbelebung eines Leichnams glauben‹. Ihr Glaube habe seinen Grund nicht in der Auferstehung, sondern im ›historischen Jesus, wie er uns durch die Texte vorgegeben ist und durch historische Rekonstruktionen als Person begegnen‹.« (139)
Es geht hier nicht um die Diskussion der Thesen von Lüdemann. Es geht nicht um die Diskussion des Spiegelartikels im einzelnen. Es geht um das Faktum, daß auch in der säkularen Presse der Glaube an die Auferstehung Jesu ein unerledigtes Thema bleibt. Offensichtlich sind mehr Menschen als gelegentlich aus der Binnenperspektive der Kirche vermutet wird, an der Frage der Wahrheit des christlichen Glaubens engagiert interessiert.
Auch Focus geht in seiner Osternummer von 1994 (Nr. 14/1994) auf die Osterproblematik ein, anders akzentuiert, als es der Spiegel tut. Focus stellt die Frage nach dem »Leben nach dem Tod«. Der resümierende Untertitel des Artikels zeigt die Fragerichtung: »Der Tod hat keine Macht mehr, Menschen leben ewig - der Traum von der Unsterblichkeit gehört zur Menschheit seit ihren Anfängen. Dem Traum widerspricht die moderne Wissenschaft. Für sie ist der Tod der Skandal im Abenteuer des Lebens. Lebenswille und Hoffnung - der Traum vergeht nicht.« (99) Es ist unverkennbar, daß die Anfänge der modernen Naturwissenschaft auch mit religiösen

Sehnsüchten verknüpft sind. Folgt man Focus, hat sich bis heute diese Verknüpfung erhalten, eben in der Aufgabenstellung, den Tod mit wissenschaftlichen Mitteln zurückzudrängen. Focus berichtet von abstrusen Bemühungen, auch von wissenschaftlich Fundiertem. Wiederum geht es nicht um die Bewertung im einzelnen, sondern lediglich darum, daß offensichtlich das Osterfest Anlaß gibt, die Frage nach Tod und Leben zu stellen und zu prüfen, wie heute Menschen mit dem Tod als einem unausweichlichen Geschick umgehen.
Sowohl im Spiegel wie im Focus finden sich Umfragedaten. Im Spiegel wird dessen eigene Umfrage »Was glauben die Deutschen?« von 1992 zitiert. Nur jeder dritte Deutsche sei überzeugt davon, daß Jesus leiblich auferstanden ist (130). Der Spiegel formuliert: »Nur jeder dritte Deutsche: Jesus ist leiblich auferstanden«. Ob nicht eher formuliert werden muß: Immer noch glaubt jeder dritte Deutsche, Jesus sei leiblich auferstanden? Ist es nicht höchst verwunderlich, daß trotz einer über zweihundertjährigen Aufklärungsgeschichte die »Auferstehung Jesu« als Glaubensüberzeugung nicht verschwunden ist?
Focus berichtet entsprechend dem Ansatz seines Artikels von der Verbreitung des Jenseitsglaubens in Deutschland: »Glauben Sie, daß es in irgendeiner Form ein Leben nach dem Tod gibt?« »Ja, ich glaube daran« antworten nach einer Allensbach-Umfrage von 1992 über 35% der Deutschen, über 40% der Westdeutschen, unter 20% der Ostdeutschen.
Ich ergänze die genannten Ergebnisse durch Daten aus einer internationalen Vergleichsstudie (ISSP 1991 - Religion). Dort wurde nach dem Glauben an ein Leben nach dem Tod gefragt. Die Frage beantworteten in Westdeutschland etwas über 24% der Befragten mit »Ja, entschieden«. Mit »Ja, wahrscheinlich« bejahten die Frage noch einmal über 29%. Dieses Ergebnis liegt weit unter dem der Vereinigten Staaten und auch unter dem von mehrheitlich katholischen Ländern. Es entspricht in etwa den Ergebnissen aus Großbritannien und den Niederlanden. Die zitierten Ergebnisse spiegeln das Bild in Westdeutschland wider. Anders sieht es in Ostdeutschland nach der ISSP-Umfrage aus. Hier antworteten auf die Frage: »Glauben Sie an ein Leben nach dem Tod?« mit »Ja, entschieden« 6,1%, mit »Ja, wahrscheinlich« 8,1%. Es sieht so aus, als ob in Ostdeutschland nicht einmal der Kreis der Kirchenmitglieder einheitlich diese Frage bejahen könnte. Heißt dies, daß wir in Ostdeutschland mit einer im Vergleich zu Westdeutschland säkularisierten Kirche zu rechnen haben? Oder mit einer theologisch korrekteren Kirche, einer Kirche, deren Theologie entschlossen den Gedanken der Unsterblichkeit bekämpft hat? Ganz klar läßt sich die Frage nicht beantworten. Der hohe Einfluß der von der sozialistischen Ideologie geprägten Anschauungen ist unverkennbar.
Die These, in modernen Gesellschaften werde der Tod geradezu »verdrängt«, scheint unausrottbar zu sein. Hinter ihr stehen kulturkritische, auch gesellschaftskritische Positionen. Richtig an dieser These ist zunächst

nur, daß unter den Bedingungen städtischen, insbesondere großstädtischen Lebens, Menschen mit dem Tod seltener in existentiell angehender Weise in Berührung kommen. Menschen sterben nicht mehr in den Familien, sondern im Krankenhaus. Auch wenn das Sterben indessen nicht mehr unmittelbar und direkt erlebt wird, muß der Tod von geliebten Menschen bearbeitet werden. Dies gilt schon für Kinder, die in großstädtischen Familien aufwachsen.

In einer neueren Arbeit über Tod und Sterben in modernen Gesellschaften (A. Nassehi / G. Weber, Tod, Modernität und Gesellschaft, Opladen 1989) wird von einer strukturellen Verdrängung des Todes gesprochen. Über den Tod könne nicht mehr geredet werden, weil es keine einheitliche Deutung des Todes gäbe. Letzteres ist sicherlich richtig. Aber heißt dies auch, daß deshalb über den Tod nicht mehr gesprochen wird? Wir sprechen nur in höchst unterschiedlichen Sprachen über ihn. Die christliche Sprache ist eine unter möglichen anderen geworden. Auferstehungsglaube angesichts des Todes kommt zur Aussage als individualisierte Möglichkeit des Bekennens von einzelnen oder Gruppen, nicht aber als das unsere Gesellschaft prägende Deutungsschema.

Die These von der Verdrängung des Todes wurde in der Diskussion der letzten Jahre mehrfach energisch bestritten (so etwa bei G. Schmied, Sterben und Trauern in der modernen Gesellschaft, Opladen 1985, 38 ff.). Eine noch unveröffentlichte Studie des Instituts für Angewandte Sozialforschung der Universität Köln von Karl-Wilhelm Grümer und Robert Helmrich hat Todesanzeigen aus dem Kölner Raum analysiert, und zwar für den Zeitraum zwischen 1820–1992. Von einer zunehmenden Tabuisierung oder auch Verdrängung des Todes könne, so das Ergebnis dieser Studie, nicht die Rede sein. Auch religiöse Deutungen, ja religiös-kirchliche Deutungen seien im Bereich der Todesanzeigen deutlich vertreten, hätten tendenziell eher noch zugenommen.

Bedenkt man derartige Untersuchungsergebnisse und registriert darüber hinaus aufmerksam, welches Interesse Berichte aus dem Umfeld des Sterbens heute finden, bedenkt man überdies auch die öffentliche Aufmerksamkeit Spiritismusphänomenen gegenüber oder die Bedeutung, die der Reinkarnationsglaube für viele Menschen hat, kann nur gesagt werden, daß die Auseinandersetzung mit dem Tod ein wesentliches Element des Lebens ist. Dabei stehen nicht so sehr Spekulationen über ein Leben danach im Mittelpunkt. Selbst wo derartige Gedanken geäußert werden, geht es oft genug um das Selbstverständnis jetzt, um das Verstehen des Lebens im Zusammenhang gelebten Lebens, um das Verstehen dessen, was Menschsein bedeutet.

Wenn ich noch einmal bedenke, daß die Frage nach Tod und Leben, nach der Zukunft nach dem Tod, nach dem Leben angesichts des Todes im Jahreszyklus, auch im Zusammenhang mit dem Osterfest gestellt wird, wenn ich bedenke, daß die Medien gerade diese Problematik aufgreifen, kann ich nur vermuten, daß von der Kirche ein klares Zeugnis in dieser Sache gefordert wird. Nicht, daß man es dann unbedingt übernehmen oder akzeptieren würde, dies sicherlich nicht, aber doch so, daß die Auseinandersetzung mit der christlichen Tradition aufgenommen wird, weil sie einen Beitrag zur Klärung der eigenen Erfahrung und der Sprache darüber darstellt.

Ostern feiern
Die Christenheit hat zunächst und zuerst die Auferstehung Christi nicht gelehrt, sondern hat sie gefeiert. Offensichtlich haben schon erste gottesdienstliche Formen, erste Begehungen der Eucharistie die Funktion gehabt, Jesus von Nazareth als den Christus zu erinnern, und zwar eben nicht als den historisch-vergangenen, sondern als den gegenwärtigen, den, der mitten in der Gemeinde ist. Sein Leben konnte als Auferstehung beschrieben werden. So wurde Ostern zu einem wichtigen Fest, zu einem so wichtigen Fest, daß es Woche für Woche im Grunde neu begangen werden mußte: Die Sonntagsfeier und Ostern gehören zusammen. Schon bei Paulus läßt sich beobachten, daß die Erinnerung an den Auferstandenen die Bedeutung hatte, die Erlösung, an die die Christen glaubten, in umfassender, schöpfungsverändernder Weise zu bekennen. Man braucht nicht einmal Theologe zu sein, um solche Entdeckungen in der Ursprungstradition zu machen. Selbst eine sozialwissenschaftliche Analyse muß eigentlich zu derartigen Entdeckungen kommen. Vielleicht empfinden wir Fragen wie die der Spiegelumfrage, Fragen nach der Auferstehung Jesu deshalb als so unangemessen, weil wir spüren, hier wird die Auferstehung zu einem historischen Ereignis gemacht, das man auch distanziert wahrnehmen kann, an das man glauben kann im Sinne des für Wahrscheinlichhaltens oder des für Wahrhaltens. In einer solchen Annäherung an das Osterereignis geht die religiöse Dimension verloren, die Dimension, in der die persönliche Betroffenheit, die Lebensbetroffenheit des Menschen angesprochen ist. Die Auferstehung Jesu ist ein zu feierndes Ereignis, nicht eines, das der historischen Registrierung zugänglich ist. Wo von der Auferstehung Jesu die Rede ist, reden Betroffene, Angerührte, nicht historische Analytiker. Historische Analytiker kommen höchstens zu dem Ergebnis, daß doch etwas dran sein muß oder aber, daß er eigentlich doch nicht leiblich auferstanden sein kann. Aber was sagt das schon. Aus der Nacht in das Licht treten und in das Bekenntnis einstimmen »Er ist wahrhaftig auferstanden«, das ist Ostern von Anfang an. Die Sprache des Auferstehungsbekenntnisses ist mythisch. Ich habe keine Angst vor diesem Begriff, weil er die gegenwärtige Bedeutsamkeit von Erinnertem meint. Ich muß mythisch reden, wo Vergangenes aufhört, vergangen zu sein und Gegenwärtiges, an das Vergangene erinnernd, zugleich Zukunft ansagt. Wer sich mit der Analyse religiöser Sprache beschäftigt, wird so gut auf diesen Tatbestand stoßen können wie theologisch Nachdenkende.

Religiöse Sprache, christliche Sprache ist nicht mehr allgemein verständlich in unserer Gesellschaft. Das macht die Schwierigkeit aus. Die Alternative, die in der gegenwärtigen Situation bleibt, ist nicht die der historisierend-kognitiven Sprache, es bleibt auch nicht die Möglichkeit der historischen Argumentation. Was bleibt, ist allein die Möglichkeit des feiernden Bekenntnisses im Kreis der Einstimmenden, hörbar zugleich für die suchend Beobachtenden. Darum ist es richtig, wenn die liturgische Praxis die Bedeutung der Kommunikation durch Symbole neu entdeckt, alte Symbolisierungen wieder in Geltung setzt, die Osternacht, die Inszenierung des Ostermorgens, das Osterlicht.

Eines scheint mir allerdings in diesem Zusammenhang wichtig zu sein: Die Symbole, die an Ostern gebraucht werden, sollten kenntlich sein als Symbole der Todesüberwindung, als Symbole eines Erlösungsglaubens, der den Glauben an die Überwindung des Todes einschließt, ja fundamental von diesem ausgeht. Meinen Beobachtungen nach gibt es auch eine Flucht in die Symbole. Sie werden geliebt, weil sie so vieldeutig sind: Was kann nicht alles Licht sein, Sonne, Tür? Was kann nicht alles das Wort Hoffnung signalisieren? Wenn ich recht sehe, gibt es eine darauf gerichtete Erwartung, daß der Tod, seine bedrohliche Nähe zur Sprache kommt. Es gibt eine gesellschaftliche Erwartung, die sich darauf richtet, daß die Christen ihre Hoffnung angesichts des Todes ansagen, wenn sie Ostern feiern.

Doch gilt dies auch in einer Gesellschaft, in der die überwiegende Mehrheit der Bevölkerung nicht an Gott glaubt, in der jedwede Form einer Zukunft nach dem Tode abgewiesen wird, sei es naturwissenschaftlich überzeugt oder philosophisch-theologisch begründet? Gibt es eine Möglichkeit, von der Überwindung des Todes zu reden, ohne die Zukunftshoffnung für den einzelnen anzusagen? Hier setzt das Bemühen um die Predigt ein, wenn immer die Aufgabe der Predigt als etwas verstanden wird, in dem christlicher Glaube öffentlich zu Wort kommt.

Ich habe dem Feiern eindeutig den Vorrang eingeräumt vor dem theologischen Argumentieren. Beides schließt sich nicht aus. Man kann über Lüdemanns Thesen nicht predigen. Indessen steht es christlichen Gemeinden wohl an, angesichts seiner Überlegungen sich darüber zu verständigen, was denn die Rede von der Auferstehung oder die Geschichte vom leeren Grab für uns bedeuten. Übrigens, es wäre auch gut, wenn es in den Gemeinden Gruppen gäbe, die gemeinsam einmal Focus oder den Spiegel aus Anlaß des Osterfestes studierten, sich zum Nachdenken inspirieren ließen. Damit sind Aufgabenstellungen angesprochen, die über das hinausreichen, wozu die Predigten und die Gottesdienste dieses Bandes zunächst Anregung geben wollen.

Gottesdienste

»Lachen oder Weinen wird gesegnet sein«

Familiengottesdienst
am Ostersonntag

Christel Weber, Karl Edzard Weber

Vorbemerkung
Ostern ohne Kinder ist für uns wie ein Krippenspiel ohne MitspielerInnen. Wir freuen uns auch über wenige Kinder; sie sind oft der Garant dafür, daß die österliche Freude überspringt. Im Anschluß an den Gottesdienst suchen wir - groß und klein - Ostereier auf dem Gemeindegrundstück.
Wir laden zum österlichen Familiengottesdienst immer mit Handzetteln ein (Kindergarten, Kindergottesdienst, KonfirmandInnen-Gruppen ...): Die Handzettel für den folgenden Gottesdienst tragen das Motiv eines weißen Taschentuches (ein Spitzentaschentuch auf den Kopierer legen!). Wir veröffentlichen die Einladung auch im Gemeindebrief und in den örtlichen Zeitungen, damit der Gottesdienst über die Osterferien (Veranstaltungspause) nicht in Vergessenheit gerät.
Weiße Taschentücher, das zentrale Symbol im folgenden Familiengottesdienst, sind teuer: Wir haben lange Stoffbahnen gekauft und sie in einer Frauengruppe vor Ostern mit Zackenscheren in kleine Quadrate geschnitten.
Der gemeinsame Tanz durch die Kirche und aus der Kirche ist neben der biblischen Erzählung das Herzstück des Gottesdienstes. Die Musikfrage muß deshalb sorgfältig geklärt werden.
Der Titel des Gottesdienstes »Lachen oder Weinen wird gesegnet sein« ist dem Lied »Komm, HERR, segne uns« entnommen. Dieses Lied ist also ein Muß am Gottesdienstschluß.

Musik zum Eingang

Begrüßung
Ich begrüße Sie und Euch herzlich zu unserem Gottesdienst, den wir als Kinder und Erwachsene gemeinsam feiern. Heute am Ostersonntag feiern wir ein Fest: Jesus Christus ist auferstanden, der Tod konnte ihn nicht festhalten. Darüber laßt uns freuen und lachen. Es ist wirklich so: Gott schenkt neues Leben. Alle sollen es wissen. Alle sollen es hören. Wir rufen einander zu:

Osterruf
PastorIn: Der Herr ist auferstanden!
Gemeinde: Er ist wahrhaftig auferstanden! (3x)

Lied
Christ ist erstanden! (EKG 75)

Eingangsvotum
Wir feiern diesen Gottesdienst im Namen des Vaters und des Sohnes und des Heiligen Geistes. Amen.

Unsere Hilfe steht im Namen des Herrn, der Himmel und Erde gemacht hat.

Gebet

Unser guter Gott, an diesem Sonntagmorgen laß uns froh werden, denn es ist Ostermorgen.

Nicht der Tod hat gesiegt, der uns Angst macht. Du, Gott, hast dem Leben zum Sieg verholfen. Das läßt uns neu hoffen und fröhlich werden. Dein Sohn Jesus Christus ist vom Tod auferstanden. Dafür danken wir dir.

Wir bitten dich: Laß uns das ganz fest glauben, damit wir unsere Angst verlieren. Laß uns das neue Leben erfahren.

Eingangspsalm (nach Psalm 118)

Dies ist der Tag, den der Herr macht.
Laßt uns freuen und fröhlich an ihm sein.
Laßt uns singen mit Freuden vom Sieg Gottes über den Tod. Christus ist erstanden, der an dem Kreuz gestorben ist, ist auferweckt. Der Stein, den die Bauleute verworfen haben, der ist zum Eckstein geworden.
Dies ist der Tag, den der Herr macht.
Laßt uns freuen und fröhlich an ihm sein.
Laßt uns das neue Leben feiern, das dem Tod widersteht.
Denn der Herr ist auferstanden.
Er ist wahrhaftig auferstanden.

Lied

Er ist erstanden, Halleluja (aus Tanzania, im Vorentwurf für das neue Gesangbuch)

Biblische Erzählung

zu Joh 20,1-18
»Marias Taschentuch erzählt«

Es gibt Dinge und Sachen, die, wenn sie sprechen könnten, lange, lange Geschichten erzählen würden, traurige und fröhliche. Es gibt Dinge, die tragen wir mit uns herum wochenlang, manchmal viele Jahre. Und dennoch nehmen wir kaum Notiz von ihnen.

So ein unbeachtetes Ding bin ich auch, ich, Marias weißes Taschentuch. Vielleicht sollte ich besser sagen: Ich *war* Marias Taschentuch, denn gerade eben hat Maria mich fallen lassen – mitten auf dem Friedhof, und jetzt ist Maria auf und davon. So wie sie davongeeilt ist, habe ich wenig Hoffnung, daß sie noch einmal zurückkommt, nur um mich zu suchen.

Ich rede in Rätseln, nicht wahr?! Entschuldigt bitte, aber als ein einfaches Taschentuch kann ich eben nur von Zipfel zu Zipfel denken. Und ich bin

noch ganz benommen von den letzten Tagen, die ich mit Maria durchgemacht habe.
Ich bin ja schon lange in Marias Diensten. Ich kenne Maria, die mit vollem Namen übrigens Maria aus Magdala heißt, schon, seit sie ein Kind war. Ich habe ihr die Nase geputzt und die Tränen abgewischt, seit sie denken kann. Und wenn man so lange mit jemandem zusammenlebt, dann merkt man ganz genau, was los ist und wenn etwas auf einmal ganz anders ist als sonst. Eigentlich müßte ich euch jetzt erzählen, was Maria schon alles hinter sich hatte, daß man sie zeitweise für verrückt hielt, weil sie ihren Mund auch aufmachte, wenn sie gar nicht gefragt worden war. Ich müßte auch eigentlich erzählen, daß viele Leute es schändlich fanden, daß Maria nicht verheiratet war - was ist denn schon eine Frau ohne Mann und Kinder. Ja, und dann müßte ich euch auch erzählen, wie oft Maria bitterlich geweint hat. Und wer könnte das besser erzählen als ich, ihr Taschentuch. Aber das würde zu weit führen.
Nur so viel: Nach all diesen Jahren, in denen Maria so traurig und einsam war und in denen ich kaum einen trockenen Tag gekannt habe, lernte Maria diesen Jesus kennen. Sie wurde seine Freundin. Ach, was sag ich: Freundin ist schon fast zu wenig. Lieb hatte Maria ihn, und sie wäre für Jesus durch dick und dünn gegangen. Für Jesus war Maria einfach Maria, nicht die »Verrückte« oder »die, die keinen Mann abgekriegt hat«, und Jesus war mit ihr ebenso gern zusammen wie mit den anderen Jüngern. Was war das für eine schöne trockene Zeit!
Aber ich will endlich zum Kern kommen. Wenn ich an die letzten Tage denke ... ich bin noch ganz benommen. ... Habt ihr eigentlich mal darauf geachtet, wie sich eure Hände anfühlen, wenn ihr Angst habt? Sind sie dann auch so kalt und schweißig und so verkrampft wie vor zwei Tagen die von Maria? Jedenfalls fühlte ich sofort, daß etwas Furchtbares passiert war. So hat mich Maria noch nie umklammert, und ich deutete ja schon an, daß sie gewiß kein einfaches Leben gehabt hat. Wirklich: Sie griff nach mir, als ginge es um ihr Leben!
Ich habe wohl nicht alles verstanden, ich sagte ja schon, daß ich nur von Zipfel zu Zipfel denken kann, und da ist man schnell am Ende, aber ich bekam doch mit, daß es mit Jesus zu tun hatte. Er sollte ein Verbrecher sein, sollte umgebracht werden. Jesus - ein Verbrecher? Wo er doch Maria neues Leben geschenkt hatte und mir die trockenste Zeit meines Taschentuchlebens? Nein, so etwas geht entschieden über das hinaus, was ein einfaches Taschentuch verstehen kann.
Wir begleiteten Jesus: Maria und ich und einige gute Freunde. Wir mußten einfach dabei sein; wir konnten ihn nicht allein lassen in seiner Todesqual. Wir gehörten doch zu ihm.
Jesus ist wirklich gestorben. Ich weiß nicht, wie Maria das durchgestanden hat, und mir war, als müßte ich mich endgültig auflösen unter all diesen Tränen ...

Es war noch früh heute morgen. Zwei Tage ist es her, daß Jesus tot ist. Da machten Maria und ich uns leise und noch im Schutz der Dunkelheit auf den Weg zum Friedhof. Ganz ehrlich, es wäre mir lieber gewesen, Maria hätte mich zuhause gelassen. Man wußte doch, daß es gefährlich war, am Grab eines Verbrechers erwischt zu werden.
Ein bißchen bewunderte ich Maria für diesen Mut, auch wenn ihr ihn den Mut der Verzweiflung nennen würdet. Etwas von dem neuen Leben, das Jesus ihr geschenkt hatte, konnte nicht davon fließen wie ihre Tränen. Aber denkt nun nicht, daß Maria gar keine Angst hatte. Sie preßte ihre kalten, schweißigen Hände in mich hinein. Wie mir das nahe ging!
Darum werdet ihr wohl auch verstehen, wie ich Marias Schock nachfühlen konnte, als wir plötzlich vor dem Grab standen - und der Stein, der (wie das bei uns so üblich ist) das Grab verschließt, war einfach zur Seite gerollt - und das Grab war leer. Jesus war nicht mehr da!
Was dann kam, erlebten Maria und ich wie einen Film, der vor uns ablief. Maria rannte, so schnell sie konnte. Sie wollte Petrus und Johannes, die Freunde Jesu, holen; und alle drei rannten sie zurück zum Grab. Jeder wollte als erster dort sein. Es ist ein Wunder, daß Maria mich auf diesem Weg nicht verloren hat. Petrus und Johannes untersuchten das Grab, fanden aber nichts als die Tücher, in die Maria und die anderen Frauen Jesu Leichnam eingewikkelt hatten. Dann gingen sie wieder nach Hause und ließen Maria allein am Grab zurück. Maria war nun verlassen - von aller Welt - und sie ließ ihren Tränen freien Lauf. Aber wenn ihr glaubt, daß Maria mich nun brauchte, um sich die Tränen abzuwischen, dann habt ihr euch getäuscht. Wenn man so traurig ist wie Maria, dann hilft auch kein Taschentuch mehr. Sie hatten ihr den lebendigen Jesus genommen - mußten sie ihr denn auch noch den toten Jesus nehmen? War das nicht alles schon schwer genug?!
Sagt mal: Was hättet ihr gedacht, wenn ihr wie Maria - blind vor Tränen - auf einmal jemanden direkt vor euch gehabt hättet? Hättet ihr euch erschrocken, wäre es euch peinlich gewesen, so verheult auszusehen? Oder wäre es euch einfach egal gewesen in eurer Trauer?
»Frau, warum weinst du?« »Wen suchst du?«, so hat der Mensch gefragt, der auf einmal direkt vor Maria stand.
Da hat Maria ein letzten Mal nach mir gegriffen, um sich die Tränen aus dem Gesicht zu wischen. Und ihre Tränen verwandelten sich nun in Worte: »Herr, hast du meinen Jesus weggetragen, so sage mir, wo du ihn hingelegt hast; dann will ich ihn holen.«
Dann hat Maria mich fallen lassen ..., denn nun redete der Mann sie an: »Maria« ..., und sie erkannte, daß es Jesus war, Jesus, der ihr schon einmal neues Leben geschenkt hatte.
Nun rief er sie erneut ins Leben zurück, nannte sie einfach bei ihrem Namen »Maria«.
Ich bin nicht nachtragend, und so bin ich Maria auch gar nicht böse, daß sie mich in dieser Sekunde, als sie Jesus wiedererkannte, fallen ließ.

So kann ich euch leider aber auch nicht erzählen, wie es mit Maria weiterging. Aber ich bin sicher, daß sie die Freude darüber, daß Jesus vom Tod auferstanden ist, nicht für sich behalten hat. Ich glaube ganz sicher, daß man sich noch in 2000 Jahren an Maria erinnern wird, denn es gibt ja überall Menschen, die sich nach neuem Leben sehnen.
Und vielleicht kommt ja jemand hier vorbei und hebt mich auf, und fragt mich, was ich alles erlebt habe. Ganz ehrlich: Ich würde schrecklich gerne mal an einem Osterfest dabei sein, dann, wenn Leute wie Maria feiern, daß Jesus auferstanden ist und uns neues Leben schenkt. Ob wohl schon jemand in der Nähe ist?

Lied
Eine freudige Nachricht breitet sich aus

Meditation
»Lachen oder weinen wird gesegnet sein«

Maria ist die Freundin von Jesus. Sie hat ihn lieb. Darum ist sie traurig, unendlich traurig, als Jesus verurteilt und getötet wird. Sie weint und weint, und alle Taschentücher der Welt können ihre Tränen nicht trocknen.
Nicht wahr, so eine Traurigkeit kennen wir alle:
Ihr Kinder fallt oft hin, und manchmal tut es sehr weh. Fast noch schlimmer ist es, wenn ihr euch allein fühlt und keiner da ist, der euch in den Arm nimmt. Dann fließen bittere Tränen.
Manchmal weinen wir, wenn wir jemanden verabschieden müssen. Wir haben uns doch so gerne. Jetzt sind wir traurig, weil wir nicht wissen, wann wir uns wiedersehen werden.
Unter uns sind heute morgen Menschen, die wie Maria weinen, weil eine/r gestorben ist, den/die sie lieb hatten. Diese Tränen kommen immer wieder - oft noch nach langer Zeit, an dem Tag, an dem der Gestorbene Geburtstag gehabt hätte, wenn wir einen Brief finden, den er uns geschrieben hat, wenn wir abends alleine zuhause hocken ...
Ein weißes Taschentuch habt ihr und haben Sie am Eingang bekommen. Nehmt es jetzt in eure Hände und schaut es an: Dieses Taschentuch ist weiß und rein, hell und freundlich wie das neue Leben, das Maria geschenkt worden ist. Gott schenkt uns neues Leben, denn heute ist Ostern. Das weiße Tuch in unserer Hand zeigt uns: Unsere Tränen können getrocknet werden.
Wir denken an Maria: Erst mußte sie so viel weinen, aber als sie Jesus sieht, da sind mit einem Schlag ihre Tränen weg. Sie ist aufgesprungen und vom Grab weggerannt zu den anderen Freunden von Jesus. Und hat ihnen voller Freude erzählt: »Ihr braucht nicht mehr zu weinen, laßt euch trösten. Ich habe Jesus gesehen, er ist auferstanden, er ist mir begegnet. Seid froh mit mir, denn jetzt ist Jesus immer bei uns, was auch passieren mag.«

Unsere Tränen sind vielleicht nicht mit einem Schlag weg. Aber seit damals, als Jesus auferstanden ist, können wir auch mit weinenden Augen getrost in die Zukunft blicken. Gott segnet unser Lachen und unser Weinen.
Maria ist voll österlicher Freude. Ich stelle mir vor, wie sie springt und hüpft, singt und lacht. Das steckt an. Ob wir das auch können?
Wir wollen alle fröhlich sein in dieser österlichen Zeit. Wir nehmen unsere Taschentücher, stehen auf aus den Kirchenbänken, wir fassen uns an die Hände und ziehen durch die Kirche und tanzen und hüpfen.
Dazu singen wir ein alten Osterlied im Walzertakt:

Lied
Wir wollen alle fröhlich sein
Schön ist es, wenn Posaunen voran »tanzen« oder GitarrenspielerInnen/AkkordeonspielerInnen sich an die Spitze des Zuges setzen. Dann können wir auch draußen um die Kirche ziehen!

Aktion Osterschmuck

Liebe Kinder, liebe Erwachsene! Nichts hat Maria mehr am Grab, in der Nähe des Todes gehalten. Sie lief davon, um allen zu erzählen, was sie erlebt hat:
Jesus ist auferstanden. Was für ein schöner Tag!
Auch unsere Freude soll nicht hier in der Kirche bleiben: Wir wollen sie mitnehmen nach draußen, nach Hause. Und zeigen können wir unsere Freude auch.
Ihr habt Marias Taschentuch in der Hand. Überlegt doch einmal, wie wir daraus einen österlichen Freudenschmuck machen können. Diesen Freudenschmuck aus dem Tuch, das so viele Tränen gekannt hat, nehmen wir mit nach Hause. Dann haben wir es zur Hand, wenn wir es brauchen, wenn uns wieder einmal Tränen kommen. Die Tränen können getrocknet werden – Gott bleibt bei uns.
Ich kann mir diesen Freudenschmuck so vorstellen, daß wir uns das Taschentuch ins Haar stecken oder vielleicht zu einer Blume für das Knopfloch machen oder es als Brusttaschentuch nehmen.
Und während wir uns österlich schmücken, hören wir etwas Musik.

Musik

Fürbittengebet
Lebendiger Gott, du hast Jesus Christus auferweckt aus dem Tod. Nie mehr sollen Traurigkeit, Angst und Verzweiflung das letzte Wort behalten. So wie du Maria wieder Hoffnung und Freude gegeben hast, so wirst du auch uns fröhlich und zuversichtlich machen. Danke.
Gott, wir bitten dich: Richte alle traurigen und mutlosen Menschen wieder auf. Hilf uns, damit wir sie trösten können.

Gott, wir bitten dich für alle, die unter Krieg und Gewalt leiden. Mach ihrem Elend ein Ende.
Wir bitten dich, Gott, für unsere Gemeinde. Hier sollen Große und Kleine Fröhlichkeit und Trost erfahren.
Laßt uns gemeinsam beten: Vater unser …

Segen
Gott, segne uns und behüte uns.
Gott, lasse dein Angesicht leuchten über uns
und sei uns gnädig.
Gott, erhebe dein Antlitz auf uns
und schenke uns und unserer Welt Frieden.

Lied
Komm, Herr, segne uns

Ostern – das Fest der offenen Türen

Familiengottesdienst am Ostersonntag *Claudia Rudolff*

Vor dem Altar steht ein *Türrahmen,* in dem ein schwarzer Vorhang hängt. Auf dem Altar steht das Osterlicht, das durch den Vorhang nicht zu sehen ist.

Orgelvorspiel

Begrüßung

Lied
»Wir wollen alle fröhlich sein« (EKG 82, 1–5)

Eingangswort
Der Herr ist meine Macht und mein Psalm
und ist mein Heil.
Man singt mit Freuden vom Sieg
in den Hütten der Gerechten:
Die Rechte des Herrn behält den Sieg!
Die Rechte des Herrn ist erhöht;
die Rechte des Herrn behält den Sieg!

Ich werde nicht sterben, sondern leben
und des Herrn Werke verkündigen.
Tut mir auf die Tore der Gerechtigkeit,
daß ich durch sie einziehe
und dem Herrn danke.
Das ist das Tor des Herrn;
die Gerechten werden dort einziehen.
Ich danke dir, daß du mich erhört hast
und hast mir geholfen.
Der Stein, den die Bauleute geworfen haben,
ist zum Eckstein geworden.
Das ist vom Herrn geschehen
und das ist ein Wunder vor unsern Augen.
Dies ist der Tag, den der Herr macht;
laßt uns freuen und fröhlich an ihm sein.

(Eingangswort entnommen aus: Liturgieentwürfe für das Kirchenjahr, Beratungsstelle für Gestaltung von Gottesdiensten und anderen Gemeindeveranstaltungen, Frankfurt 1985, S. 181)

Gebet

Guter Gott, wir danken dir an diesem Ostermorgen. Wir sind fröhlich in dir, den wir nicht sehen und doch an dich glauben können.
Du bist im Leben und auch wir werden nicht im Tod bleiben. Was uns ängstigt, kann uns nicht mehr beherrschen, denn du rufst uns bei unserem Namen. Amen.

Lied

Wir singen vor Freude (Mein Liederbuch, C1)

Szene

Einige Kinder kommen aus den verschiedenen Ecken der Kirche herbeigelaufen zum Tor am Altar und unterhalten sich über ihre Erfahrungen mit verschlossenen Türen:

1. Hey, was ist denn das?
2. Sieht aber komisch aus!
3. Was ist denn los, geht es da nicht weiter?
4. Ich weiß nicht.
5. Das sieht ja aus wie eine zu'ne Tür.
6. Wenn man vor einer zu'nen Tür steht und nicht rein kann, ist das ganz schön doof.
7. Wenn mir das passiert, werde ich erst richtig wütend und dann ganz traurig.
8. Ja, ich habe neulich den Schlüssel vergessen, meine Mutter war beim Einkaufen. Ich habe alles mögliche probiert: durch ein Fenster zu klet-

tern, die Terrassentür zu öffnen. Nichts ging. Ich war ganz allein draußen, und es wurde schon dunkel.

9. Ich wollte gestern zu meinem Freund gehen und mit ihm spielen. Aber niemand hat mir geöffnet. Da bin ich traurig wieder nach Hause gegangen.
10. Ein paar Spielkameraden haben sich 'mal nach einem Streit in einem Zimmer eingeschlossen und haben allein weitergespielt.
11. Ja, das ist ein komisches Gefühl, wenn man nicht zu den anderen gehört.
12. Da ist man nicht nur ausgeschlossen, da fühlt man sich auch so.
13. Ja, aber diese Tür hier sieht so aus, als ob sie den Weg abschneidet, es geht einfach nicht mehr weiter, richtig unheimlich ist das.
14. Wenn einer stirbt, schließt sich dessen Tür auch zu. Man kann nicht mehr zu ihm hingehen. Das macht total traurig.
15. Als mein Opa gestorben ist, war das genauso. Er war einfach nicht mehr da. Ich konnte das gar nicht verstehen.
16. Das glaube ich, daß du ganz traurig warst. Allein und hilflos hast du dich gefühlt.
17. Ich denke, als Jesus starb, war es für die Jünger genauso. Für sie war es auch so, als ob ihnen eine Tür zugeschlagen wurde.

Moment noch stehenbleiben, zur Tür schauen, Schultern zucken, dann sagt einer folgenden *Schlußsatz:*
Kommt, wir spielen weiter. Vielleicht können wir nachher durchgehen.
Kinder gehen nun auf ihre Plätze.

Predigt
1. Teil

Liebe Gemeinde!
Für die Jünger war es auch so, als ob ihnen eine Tür zugeschlagen wurde, als Jesus starb. Ich möchte dies noch ein wenig deutlicher machen am Beispiel von Maria von Magdala.

Verlesung von Joh. 20,11–13

Maria stand weinend am Grab Jesu. Alles war für sie zu Ende. Ihm, Jesus, der da im Grab lag, verdankte sie soviel. Er war ihr Freund, und er hatte ihr geholfen, ein anderer Mensch zu werden. Wenn Jesus bei ihnen war, war er der Mittelpunkt ihrer Gemeinschaft gewesen. Ein Leben ohne ihn konnte sie sich gar nicht vorstellen. Einige Jünger waren nach der Kreuzigung geflohen, andere waren vom Grab weg zur Tagesordnung übergegangen. Maria kam sich mit ihrer Traurigkeit und ihrem Kummer sehr allein vor. Das alles geschah am Karfreitag. An dem Tag, an dem viele dachten, eine Tür sei für immer zugefallen. Die Tür zu Jesus.
Aber nicht nur die Jünger, Maria und die Kinder hier im Gottesdienst haben Situationen erlebt, in denen sie vor verschlossenen Türen

standen. Ich denke, auch viele von uns Erwachsenen kennen solche Situationen.

(Die drei folgenden Beispiele sind entnommen aus: Predigtstudien zur Perikopenreihe V, Erster Halbband 1988/89, S. 191)

- Ein noch relativ rüstiger 82jähriger Mann erzählte einem Freund bei einem Geburtstagsbesuch, wieviel Sport er früher getrieben habe, daß ihm schwere Gartenarbeit nichts ausgemacht hätte, wie erfolgreich er im Beruf war ... Das alles erzählte er mit einem nörgelnden Unterton. Behutsame Einwände wurden kurz erledigt: »Sie haben gut reden, sie sind noch jung. Für mich ist alles unwiderruflich vorbei«.
- Die Eltern und die Tochter gingen sich sogar in der Wohnung aus dem Weg. Alle Gespräche waren auf das Notwendigste reduziert. Gegen den Widerstand der Eltern mietete sich die 18jährige Tochter ein Zimmer. Karfreitag einer Familie. Die Tür zum Elternhaus war nun verschlossen.
- Uwe, ein junger Mann, verunglückte mit dem Auto tödlich. Keiner konnte es fassen. Völlig verzweifelt war seine Freundin. Sie selbst war jung und arbeitslos. Sie hatte sich vor dem Unfall mit Uwe wegen einer Kleinigkeit gestritten. Sie quälte sich nun mit Vorwürfen. Tagelang konnte sie nichts essen. Stunde um Stunde saß sie am Grab. »Ich habe geweint, bis ich keine Tränen mehr hatte. Ich wollte mit Uwe reden. Da war nichts«, erzählte sie später.
  Für all solche Erfahrungen steht diese verschlossene Tür.

Verlesung von Joh. 20,14–18

Lied
»Er ist erstanden« (Halleluja 636, in: Singe, Christenheit)

Predigt
2. Teil

Maria geht vom Grab fort. Sie ist nun froh und voller Hoffnung. Plötzlich hat sie keine Angst mehr vor der Zukunft und fühlt sich nicht mehr allein. Maria hat Ostern erlebt. »Ich habe den Herrn gesehen«, sagt sie. Sie läßt das Grab hinter sich und geht in die Stadt zurück.
Was ist eigentlich passiert, daß Maria nun froh sein kann?
Zunächst war sie ja sehr traurig und ratlos. Als sie angesprochen wird, kann sie schon über ihre Traurigkeit reden. Erstmals wendet sie ihren Blick vom Grab weg.
Der, der da steht, ist nicht der Gesuchte. Es ist der Gärtner, der hier zu tun hat. Maria möchte den Leichnam von Jesus sehen. Noch denkt sie nur an die schrecklichen Ereignisse der letzten Tage. Dabei erkennt sie den Lebendigen nicht. Zu sehr ist sie mit ihrer Trauer beschäftigt.
Doch da ruft sie einer mit Namen. Der Klang der Stimme ist ihr vertraut. So hat nur Jesus ihren Namen ausgesprochen. Auf einmal fühlt sie sich nicht

mehr allein. Jesus, den sie lieb hat, ist irgendwie bei ihr. So kann sie kein Toter ansprechen. Daß sie mit ihrem Namen angesprochen wird, bringt für Maria die Wende.
Maria möchte Jesus nun umarmen. Aber das will er nicht. So wie vorher kann er nicht mehr bei ihr sein. Das wird in der Erzählung auch schon daran deutlich, daß Maria ihn nur an seinen Worten erkennt. Der Tod wird nicht rückgängig gemacht. Jesu Gegenwart ist nun eine andere als vor seinem Tod. Maria beginnt, dies zu begreifen und kann ihn loslassen. So entsteht eine neue Beziehung. Maria kann nun vom Grab zu den Jüngern zurückgehen. Durch die Begegnung mit dem Auferstandenen hat sie wieder Mut, ihr Leben zu leben. Diesen Mut konnte sie sich aber nicht selber geben. Er mußte ihr durch dieses Erlebnis geschenkt werden.
In ihrem Erlebnis erkennt sie Gott, dem sie ihr neues Leben verdankt. Maria erzählt nun die Botschaft weiter: »Ich habe den Herrn gesehen«. Sie kann wieder froh sein und muß nicht mehr weinen. Jetzt ist es für Maria Ostern geworden.
Auch die Jünger haben Ostern erlebt und erzählen von der Auferstehung. Gott will dieses Wunder auch an uns vollbringen: daß wir aller Trauer und allen Todesnachrichten zum Trotz an die Kraft des Lebens glauben können. Dieses Wunder des neuen Lebens wird sich an uns wahrscheinlich nicht so plötzlich ereignen, wie es die Bibel in den Auferstehungsgeschichten erzählt. Aber daß aus Maria und Jesu Jüngern andere Menschen wurden (aus Verzagten Zuversichtliche und aus Niedergeschlagenen Frohe), das haben schon viele erfahren, und das können auch wir.
Denken wir nocheinmal an die Beispiele, die ich vorhin erzählt habe. Der 82jährige Mann kann auch von einer Ostererfahrung erzählen: Er ist bei seiner Resignation nicht stehengeblieben. Als er von einer Seniorenfreizeit kam, fühlte er sich verwandelt. Er hatte gelernt, daß er seinen Blick nicht nur auf Verlorenes richten braucht, sondern auf die schönen Möglichkeiten, die ihm geblieben sind.
Auch die Freundin von Uwe machte ihre Ostererfahrung: Trotz seines Todes fand sie wieder Lebensmut. Durch Freunde bekam sie eine Arbeitsstelle. So richtig kann sie nicht erklären, was geschehen ist. Sie weint noch manchmal, aber sie kann Uwe's Tod akzeptieren. Das alles ist möglich, weil sie erlebt hat, daß andere da waren und sie festgehalten haben.
Ostererfahrungen unserer Zeit.
Weil wir auf einen lebendigen Gott vertrauen und seine Kraft uns schenken lassen können, können wir auch erleben, wie verschlossene Türen sich öffnen. Wir brauchen Jesus nicht zu sehen. Entscheidend sind die Zeichen seines Lebens, durch die er Menschen lebendig macht.
Als Zeichen für solche Ostererfahrungen nehme ich den Vorhang vom Tor ab. Lassen sie uns gemeinsam auf das Osterlicht blicken, das ein Symbol dafür ist, daß das Dunkel von Karfreitag erhellt wurde. Amen.

Orgelspiel

Währenddessen schmücken die Kinder das Tor mit Blumen.

Gebet

Lebendiger Gott, du begleitest uns, auch wenn wie manchmal keinen Ausweg mehr wissen.
Ermutige uns in unserem Alltag durch Zeichen deiner Auferstehung:
daß Türen sich wieder öffnen, die uns verschlossen wurden,
Türen zu anderen Menschen, zu uns selbst und zu dir, Gott.
Zeige uns, daß Jesus uns zur Auferstehung führt:
Wenn wir uns selbst nicht vertrauen, vertraue uns,
wenn wir verzweifeln, richte uns auf,
wenn wir uns zuviel zumuten, entlaste uns.
Laß die Freude über deine Auferstehung nicht verblassen,
und laß dein Licht uns leuchten an allen Tagen unseres Lebens.

(Gebet - stellenweise umformuliert - aus: Liturgieentwürfe für das Kirchenjahr, Beratungsstelle für Gestaltung von Gottesdiensten und anderen Gemeindeveranstaltungen, Frankfurt 1985, S. 192)

Vaterunser

Schluß

Die Gottesdienstbesucher werden eingeladen, nach dem *Segen* die Kerzen an ihren Plätzen zu nehmen und *durch das Tor zu ziehen,* um sie am Osterlicht zu entzünden. So können sie symbolisch etwas von dem Licht mitnehmen. Währenddessen wird das *Osterlied* »Christ ist erstanden« (EKG 75) vom Organisten gespielt und von der Gemeinde gesungen.

Nacht und Tag

Ostermorgenfeier mit den Elementen Wortfeier,
Lichtfeier, Tauffeier und Mahlfeier

Bärbel Schäfer-Goetz

Eröffnung

In dieser Nacht ist unser Herr Jesus Christus hindurchgegangen vom Tod zum Leben.
Deswegen lädt die Kirche in aller Welt ein, sich zum Wachen, Beten und Danken zu versammeln.
Wir nähern uns dem österlichen Geheimnis,
indem wir hören, welche Verheißung uns Menschen begleitet,

indem wir sehen, wie das Licht die Dunkelheit besiegt,
indem wir ein Kind taufen,
und indem wir gemeinsam das österliche Freudenmahl miteinander feiern.

Kurzes Musikstück
(evtl. »Wachet und betet« intonieren)

Wortfeier

Noch ist nicht Ostern.
Noch umfängt uns Nacht und Dunkelheit/Dämmerung.
Ich will die Nacht ernstnehmen.
Die Nachtgedanken, die uns Menschen beschweren,
die Nachtgespinste, die uns den Schlaf rauben.
Den Schatten der Trauer, der Gewalt,
der Schatten, der über allem Elend liegt.
Noch ist nicht Ostern.
Noch umgibt uns die Nacht, Dunkelheit, Dämmerung.
Noch habe ich Jesu Bitte im Ohr, sein Wort an seine Freunde im Garten, in jener Nacht, als er verraten wurde:
»Bleibet hier und wachet mit mir, wachet und betet«.

Gesang
»Bleibet hier und wachet mit mir« (aus: ZGP, Zeitschrift für Gottesdienst und Predigt, Gütersloh, Nr. 2/84)

Jesus, gestorben an einem Kreuz auf Golgatha.
Jesus - begraben in einem Felsengrab,
Jesus - Name für einem abgerissenen Weg.
Ich will bei ihm aushalten.
Ich will an seinem Grab wachen und beten.

Kurze Stille

Gesang
Bleibet hier ...

Nacht über Jesu Grab, Nacht über den Gräbern von vielen.
Nacht über unserer kranken Welt.
Gott, wo ist das Licht des Anfangs?

Kurze Flötenstimme

Wo ist das Licht des Anfangs, Gott?
Weit zurück gehen unsere Gedanken in dieser Nacht.
Zurück an den Anfang, als Gott das Licht erschuf.

Und Gott sprach: »Es werde Licht, und es ward Licht.« Und Gott sah, daß das Licht gut war.
Am Anfang Gottes Freude am Licht, Gottes Freude am Wechsel von Tag und Nacht.
Auch heute noch wird es Tag und Nacht.
Aber wir Menschen haben es in der Hand, die ganze Schöpfung in schreckliche Nacht zu tauchen.
Darum möchte ich Gott bitten:
Gott, stecke uns an in deiner Freude über das Licht des Anfangs.

Musik

Wo ist das Licht des Anfangs, Gott?
Weit zurück wandern unsere Gedanken in dieser Nacht.
Wir blicken Kain ins Gesicht,
Kain, der sich über den Segen in Abels Leben ärgert.
»Da ergrimmte Kain sehr und senkte finster den Blick. Und der Herr sprach zu Kain: Warum ergrimmst du? Warum senkst du deinen Blick?«
Am Anfang die Freude über die Schöpfung, die Freude über den anderen Menschen.
Dann: Kains finsterer Blick, Neid, erloschene Offenheit, gesenkte Augen.
Darum möchte ich Gott in dieser Nacht bitten:
Gott, schenke uns Offenheit, laß dein Licht leuchten in unsere Seele!

Musik

Gott, wo ist das Licht des Anfangs?
Weit zurück wandern unsere Gedanken in dieser Nacht.
Den lichten Regenbogen habe ich vor Augen. Das Zeichen des Bundes, mit dem sich Gott nach der Sintflut an Noah und seine Nachkommen bindet.
»Und Gott sprach: Solange die Erde steht, soll nicht aufhören Saat und Ernte, Frost und Hitze, Sommer und Winter, Tag und Nacht.«
Lichter Regenbogen, Brücke weit gespannt,
Zeichen der Rettung!
Doch viele Hungrige gehen leer aus, weil unsre Ernten die Elenden nicht erreichen.
Fruchtbares Land verwandelt sich in Öde durch menschliches Verschulden.
Darum möchte ich Gott in dieser Nacht bitten:
Herr, laß uns lernen, deine Schöpfung zu bewahren und deinen Bund zu halten.

Musik

Gott, wo ist das sanfte Licht des Anfangs?
Weit zurück gehen unsre Gedanken in dieser Nacht.
Wir sehen das Volk Israel auf der Flucht vor den Heeren des Pharaos. Sehen Frauen, Männer, Kinder in Not.
Und wir hören:
»Da erhob sich der Engel Gottes, der vor Israel herzog, und er stellte sich hinter sie. Und die Wolkensäule vor ihnen erhob sich und trat zwischen das Heer der Ägypter und das Volk Israel.«
Lichte Wolkensäule, Zeichen der Gegenwart Gottes. Ich halte Ausschau. Meine Augen suchen ein Zeichen der Gegenwart Gottes in dieser Welt! Ich möchte Gott in dieser Nacht bitten:
Gott, mache meine Augen hell, damit sie auch die zartesten Zeichen deiner Gegenwart wahrnehmen. Botenwort, Wolkenhauch, Zeichen auf dem Weg in die Freiheit.

Musik

Gott, wo ist das Licht des Anfangs?
Weit zurück wandern unsre Gedanken in dieser Nacht.
Den Lichtglanz der Heiligen Nacht habe ich im Sinn.
Den Stern, dem die Weisen aus dem Osten folgten,
das Licht, das durch Jesu Wort und Wirken auf die Menschen fällt, auf Kranke und Schuldige, auf Menschen im Schatten.
Wir hören »Das Volk, das im Finstern wandelt, sieht ein großes Licht, und über denen, die da wohnen im finstern Lande, scheint es hell!«
Und Jesus sagt: »Ich bin das Licht der Welt.«
Doch, wo bist du jetzt?
Licht der Welt?
Nachdem sich Finsternis über Golgata legte?
Wo bist du, Christus, Licht der Welt?

Musik

Lichtfeier

»Ich hoffe auf dich, meine Seel wartet auf dich, wie ein Wächter auf den Morgen. Nein, noch sehnlicher als ein Wächter auf den Morgen wartet, so wartet meine Seel auf dich.« Psalm 130

Lied
EKG 5, 4 und 5 (ohne Orgel, mit Flöte):
»Wo bleibst du Trost der ganzen Welt?«
»O klare Sonn«
Während des Liedes wird die *Osterkerze* hereingetragen.

»Die Mitte der Nacht ist der Anfang des Tages.
Die Mitte der Not ist der Anfang des Lichts.
Dies ist die Nacht, da Christus von den Toten erstand. In dieser Nacht wandte er unser Geschick.«

Flötenruf

In dieser Stunde hören wir den apostolischen Ruf:
Wache auf, der du schläfst, und stehe auf von den Toten, so wird dich Christus erleuchten!

Flötenruf

Das Licht Christi, der Glanz seiner Auferstehung, vertreibe die Finsternis unseres Herzens und die Dunkelheit unseres Geistes.

Flötenruf

Meditation nach Augustinus:
»O Tod, wo ist dein Stachel? O Hölle, wo ist dein Sieg?
Es jauchze, frohlocke hell die Schar der Engel über dieses Königs Sieg. Denn das ist die Nacht des Heils, da Jesus Christus seine Todesfesseln bracht, aufstand als Sieger aus dem Grabe. O Nacht, du bringst uns Vergebung und Frieden. Nur du allein weißt die Stunde, da Christus von den Toten erstand. O Nacht, viel klarer als der Tag. Gottes Sohn wurde Mensch, die Engel lobpreisen ohne Ende. O Leuchte reiner Wahrheit! Du einzige Quelle der Erkenntnis! Wahrhaftiges Licht!«
Das Licht breitet sich aus in der Kirche, dabei Musik/Gitarre

Lesen des Osterevangeliums nach Matthäus

»Erleuchtet von diesem Licht hören wir das Osterevangelium, wie es bei Matthäus geschrieben steht.«
(Altarbibel holen)
Es ist ein alter österlicher Brauch, daß die Bibel beim Lesen des Osterevangeliums in die Mitte der Gemeinde getragen wird. Die Gemeinde, wir alle, sind gleichsam der Leib Christi, der an Ostern mit neuem Leben erfüllt wird!
Wir wollen uns dabei erheben!

Text verlesen

Erfüllt von dieser Botschaft rufen wir:
»Der Herr ist auferstanden, er ist wahrhaftig auferstanden! Halleluja!«

Orgel und Gemeinde

Halleluja!

Orgel und Gemeinde, mit Glocken

EKG 75, Christ ist erstanden!

Tauffeier

Hinführung
An diesem Morgen, der durch Christus hell geworden ist, treten wir an den Taufstein und erinnern uns an unsre Taufe.
Wir erinnern uns, daß Jesus Christus uns auffordert, allen Menschen die frohe Botschaft zu erzählen und sie zu taufen. Wir hören den Taufbefehl:

Taufbefehl

Wir erinnern uns an das Geheimnis der Taufe.
Aus dem Alten Testament haben wir gehört, wie Gott uns Menschen durch Todesnot hindurch errettet. Bei der Taufe taucht Jesus auch unser Leben unwiderruflich in seinen Durchgang durch den Tod zum Leben.
Deswegen wurde in der frühen Christenheit nur in der Osternacht getauft.
Wie Jesus Christus vom Tod ins Leben geht, gehen auch wir in der Taufe vom Tod ins Leben.
Wir hören dazu die Tauflesung aus dem Römerbrief:

Tauflesung
Römer 6,3–8 (neue Übersetzung)

Musikstück (Gitarre)

Wir sprechen nun das Glaubensbekenntnis. Ich bitte die Eltern und Paten und die ganze Gemeinde, die drei Glaubensartikel jeweils zu bekräftigen mit dem Satz: Wir glauben!
Wir wollen uns dazu erheben.

Glaubensbekenntnis mit Bekräftigung durch die Gemeinde

Taufermahnung
Ich wende mich nun an die Eltern und Paten. Die Taufe begründet zwischen Ihnen und Ihrem Kind eine enge Beziehung. Sie wird fruchtbar, wenn Ihr Kind von diesem guten Band mit Gott erfährt, wenn es behutsam angeleitet wird, diese Verbindung zu pflegen und mit Leben zu erfüllen.
Wollen Sie Ihrem Kind dabei helfen, so gut Sie es können, so antworten Sie: Ja, mit Gottes Hilfe!
Antwort: »Ja, mit Gottes Hilfe!«
Gott begleite Sie auf diesem Weg!

Deutung des Wassers
Wir wollen nun das Wasser, das Zeichen der Taufe, anschauen.
(Eingießen des Wassers)
Text aus der Agende

Gebet
Wir beten und stehen dabei auf:
Herr, unser Gott, wie Wasser uns wäscht, so wasche ab von uns und allen, die wir auf deinen Namen taufen, alle Irrungen und Verfehlungen, mit denen wir dich, unsre Mitmenschen und uns selbst entstellen.
Wie Wasser tötet, so töte in uns und allen, die wir auf deinen Namen taufen, Hochmut und Eigensinn, die uns von dir trennen.
Wie Wasser dürres Land erquickt, so belebe uns und alle, die wir auf deinen Namen taufen, damit wir deine Liebe in der Welt ausbreiten. Amen.

Tauflied
EKG 86: »Auf, auf mein Herz mit Freuden« (Vers 1 u. 2)

Taufe

Übergabe der Taufkerze und Urkunde

Tauferklärung

Elternsegnung

Zum Abschluß der Taufe singen wir das *Lied* »Gelobt sei Gott ...« (EKG 79)

Mahlfeier

Hinführende Worte
Ein neues Leben empfangen, fröhlich in einen neuen Tag gehen.
Wir wollen uns dazu stärken lassen, durch Brot und Wein, wir, die Menschen, die das Licht der Osternacht erreicht hat.

Gabengebet
Seht das Brot, seht den Wein! Laßt uns für beides danken.
Gott, du gibst uns unser täglich Brot. Du speist uns nicht mit leeren Worten ab. Wir danken dir dafür und bitten dich:
Laß dieses Brot der Osternacht für uns zum Brot des neuen Lebens werden.

Gesang
Salvator mundi (Ubi Caritas, Gesang auf Taizé; Atelier et Presse de Taizé)

Gott, du schenkst uns den Wein, den belebenden Schluck. Die Erinnerung an dein Leiden und das Zeichen des Festes, das wir alle feiern. Wir danken dir, Gott, und bitten dich:
Laß diesen Kelch der Gemeinschaft an diesem Morgen für uns zum Kelch des Heils werden.

Gesang: Salvator mundi

Einsetzungsworte

Vater unser (dabei an den Händen fassen)

Friedensgruß
Die gefaßten Hände symbolisieren den Friedensgruß; dabei singen:
EKG 82, 1 »Wir wollen alle fröhlich sein!« Vers 1 oder nochmals Ubi Caritas

Austeilung (in einem Kreis?)

Als Dank, Freude, Gemeinschaft ... gemeinsam singen:
EKG 82, 1-5 »Wir wollen alle fröhlich sein«

Wir bitten um den *Segen*

Wir tragen das *Licht* in unsren Herzen hinaus in den Ostermorgen

Osterzeichen

Aus einem Familiengottesdienst mit Taufen *Ulrike Heimann*

Hinweise
Vorbereitet worden war ein ca. 190 cm hohes Kreuz aus Bauholz-Balken, das mit Maschendraht umwickelt wurde. In den Maschendraht wurden Zweige mit frischem Grün gesteckt, so daß das Kreuz wie ein »Lebensbaum« aussah.
Über die Abkündigungen und über Handzettel, die in den Kindergruppen und Mutter-Kind-Gruppen verteilt wurden, wurde darum gebeten, daß jedes Kind zum Gottesdienst eine Blume - z. B. eine Tulpe oder eine Narzisse - mitbringen sollte. Für alle Fälle (bei Vergeßlichkeit der Eltern z. B.) hatte ich noch Blumen besorgt, damit wirklich jedes Kind eine Blüte zum »Lebensbaum-Kreuz« bringen konnte. Diese Voraussicht erwies sich als sehr richtig und wichtig.
Die Ostersymbole Sonne und Schlüssel hatte ich überdimensional aus Pappkarton (farbig) ausgeschnitten.
Das Schmücken des »Lebensbaum-Kreuzes« durch die Kinder der Gemeinde ist so gut angekommen, daß daraus wohl eine feste Tradition werden wird.

Lied 425, 1–4

Begrüßung

Lied: »O herrlicher Tag, o fröhliche Zeit« (Nr. 425 Anhang Rheinland)

Liebe Gemeinde, in diesem Gottesdienst werden heute morgen drei Kinder getauft: Chris Sean C., Desirée B. und Julian S. Und so heiße ich die Familien der drei Täuflinge, besonders die Eltern und Paten ganz herzlich willkommen. Ostern und Taufen – das paßt wunderbar zusammen: Denn das Leben wird gefeiert, das Gott uns unzerstörbar schenkt. Leben für alle – trotz Leid, trotz Tod, trotz Gewalt, trotz aller Ungerechtigkeit im kleinen wie im großen – Leben für alle: das ist das Ziel des Weges Gottes mit seiner Schöpfung.

Und deshalb können wir den Gottesdienst heute wirklich voller Freude feiern im Namen des Vaters ...

Gott ist meine Macht, er ist mein Lobgesang und mein Heil. Ich werde nicht sterben, sondern leben und seine Taten verkündigen.

Hier vorne sehen sie ein Kreuz. Ein ganz anderes Kreuz als sonst üblich. Mit grünen Zweigen geschmückt sieht es eher aus wie ein Baum – ein Baum des Lebens. Und dieser Baum will blühen, will mit Blüten voller Farbe zum Zeichen des Dankes und der Freude werden. Und darum bitte ich nun die Kinder, mit ihren Blüten nach vorne zu kommen und das Osterkreuz damit zu schmücken. Währenddessen singen wir das Lied »Wir wollen alle fröhlich sein«.

Lied 82 (»Wir wollen alle fröhlich sein«)

Kyrie

»Wir wollen alle fröhlich sein« – so haben wir gerade gesungen. »Wir wollen alle fröhlich sein« – aber es gibt immer wieder so vieles, was unsere Freude bedrängt und unmöglich machen will:

Angst und Streit, Krankheit und Schmerzen, Todesnähe.

»Wir wollen alle fröhlich sein« – mit allem, was lebt, aber es sind so viele, die sich nicht freuen können, denen das Lachen gründlich vergangen ist: unwillkommen überall, verfolgt und entrechtet, zum Spielball politischer Interessen gemacht.

Triumphiert nicht doch allenthalben der Tod und seine Genossen über das Leben?

Erbarme dich, Gott!

Gloria

So spricht Jesus Christus: »Fürchte dich nicht! Ich bin der Erste und der Letzte und der Lebendige; ich war tot, und siehe, ich bin lebendig von Ewigkeit zu Ewigkeit und habe die Schlüssel der Hölle und des Todes.« (Offb. 1, 17b,18)

Darum: Ehre sei Gott in der Höhe ...

Predigt

Liebe Gemeinde!

Zittern, Entsetzen, Furcht - das packt die Frauen, als sie am Ostermorgen zum Grab Jesu kommen. So haben wir es gerade in der Lesung des Markusevangeliums gehört. Zunächst einmal keine Spur von Osterfreude. Und so ist es wohl auch gewesen: das »Frohe Ostern«, das wir uns heute morgen gegenseitig wünschen, das ist nicht vom Himmel gefallen. Sondern das hat erst langsam Raum gewonnen in den Herzen der Freundinnen und Freunde Jesu. Wie eine Blume, die ja auch nicht Knall auf Fall aus der Erde emporschießt, sondern die sich langsam, aber beständig aus dem Dunkel der Erde ans Licht des Tages hervorschiebt.

Und doch - was mit Zittern, Entsetzen und Furcht begann - das ist die Osterbotschaft, die Nachricht von der Auferstehung Jesu von den Toten. Diese Nachricht ist zum Grund aller Freude geworden - kein Strohfeuer, sondern ein beständiges, helles Licht, das Kraft hat, unser Leben dauerhaft mit Freude, Licht und Zuversicht zu füllen.

Bis heute beschäftigen sich deshalb Menschen damit, zu ergründen, was damals an diesem Ostermorgen geschehen ist. Seit den Zeiten des Evangelisten Markus und des Apostel Paulus haben Menschen immer wieder neu versucht, auszudrücken, was an Ostern geschehen ist. Und vor allen Dingen: was ihnen selbst Ostern bedeutet, für ihren Glauben, für ihre Hoffnungen. Und damit wollen wir uns heute morgen auch beschäftigen: mit der Frage, was hat Ostern mit unserem Leben, mit unserem Sterben, mit unseren Hoffnungen zu tun.

Ostern nachspüren, das will ich mit allen Sinnen, nicht nur mit dem Kopf, mit dem Verstand. Denn Ostern hat mit mir als ganzem Menschen zu tun: mit meinen Augen, mit meinen Ohren, mit meinen Händen und meiner Nase - eben mit allen Sinnen. Und die beste Sprache, alle Sinne anzusprechen, das ist die Symbolsprache. Da gibt es keine Fremdworte, die gerade die Kinder auch nicht verstehen können. Symbole, Bilder, Zeichen - die kann jede und jeder verstehen, der sich darauf einläßt, der mit seinen Sinnen, mit seinem Herzen dabei ist - das Alter spielt dann gar keine Rolle.

Vier Symbole, die uns von Ostern erzählen wollen, möchte ich Ihnen vorstellen.

Das erste Symbol ist dieses mit Grün und Blumen geschmückte *Kreuz*. Eigentlich ist das Kreuz, wenn es so nackt dasteht, kein sehr fröhliches Zeichen. Es ist ein Werkzeug des Todes, mit dem in früheren Zeiten Menschen zu Tode gequält wurden. Das Kreuz erzählt eigentlich so, wie es dasteht, vom Tod, von Leiden, von Trauer und Hoffnungslosigkeit. Und trotzdem steht es in vielen Kirchen - wie in unserer auch. Und wir sehen es auf den Grabsteinen und Todesanzeigen. Das geschieht nun nicht, weil wir als Christen den Tod so sehr verehren oder uns so sehr vor ihm fürchten. Sondern gerade umgekehrt:

Das Zeichen des Kreuzes ist für uns zu einem Zeichen für das Leben geworden – für das Leben, das den Tod überwunden hat, das stärker ist als der Tod. Das hat uns Jesus gezeigt. Jesus ist nicht um das Leid, um den Tod herumgekommen. Er hat all das erlitten, was viele Millionen Menschen zu allen Zeiten haben mitmachen müssen – bis heute. Und sterben – das muß nun wirklich jeder Mensch.

Nein, Jesus hat sich nicht an den dunklen, schmerzhaften Seiten des Lebens vorbeigemogelt. Er ist gestorben – wie jeder und jede. Aber: die Menschen, die mit ihm zu tun hatten, die haben nach seinem Tod eine Erfahrung gemacht, die ihr ganzes Denken und Leben auf den Kopf gestellt hat:

Daß mit dem Tod nicht alles aus ist. Der Tod ist nicht das Ende des Lebens. So hat Gott ihn nicht gedacht. Sondern das Leben geht weiter – auf wunderbare Weise. So wunderbar, daß man das mit dem Verstand allein gar nicht begreifen kann. Es geht weiter, wie Jesus es vor seinem Tod selbst gehofft hat, als er zu seinen Freunden und Freundinnen sagte: Mit dem Leben, mit uns Menschen ist es in den Augen Gottes so wie mit einem Samenkorn. Zum Beispiel mit einem Weizenkorn. Solange man es in der Hand hält und nur darauf achtet, daß ihm nichts passiert, es sicher aufbewahrt – solange geschieht gar nichts. Es rührt sich nicht, es ist wie tot. Aber wenn man es in die Erde steckt, wenn man es losläßt – da wächst auf einmal ein Halm daraus. Das Korn in der Erde – es ist nicht mehr zu finden. Aber am Halm – da sind viele neue Körner. So ist das mit dem Leben, mit dem Sterben und mit dem Leben, das dann folgt vor Gottes Augen.

Und so ist das mit dem Kreuz: was erst nur vom Tod erzählt, das erzählt auf einmal vom Leben. Aus dem toten Holz kommt neues Grün, brechen Blumen hervor. Aus dem Mordinstrument wird durch Gottes Gnade und Liebe der Baum des Lebens. So macht das Gott. Er schafft den Tod nicht ab, auch nicht das Leid und den Kummer. Aber er verwandelt es in Leben, Freude und Hoffnung.

Das zweite Symbol ist die *Sonne*.

Die Sonne war für die Menschen in alten Zeiten das wichtigste Symbol und Bild überhaupt. Ihren Weg am Himmel beobachteten sie ganz genau. Und besonders dachten sie darüber nach, was denn wohl mit der Sonne geschieht, wenn sie abends untergeht und viele Nachtstunden über nicht mehr zu sehen ist.

Heute – im Zeitalter der Raumfahrt und der Riesenteleskope – wissen wir zwar: Die Sonne ist ein riesiger Feuerball, ein richtiges Himmelskraftwerk. Aber das haben die Menschen damals nicht gewußt. Sie stellten nur fest: Ohne die Sonne, ohne ihre Wärme und ihr Licht – da können wir nicht leben. Wenn sie ncht da ist, dann ist es kalt und dunkel. Und Dunkelheit macht Angst. Und so stellten sie sich die Sonne vor als einen Licht-Helden, der morgens am Himmel aufsteht und den Tag über seinen Weg über den

Himmel geht, um dann abends in das Reich der Finsternis, des Todes und Schreckens hinabzusteigen. Dort - so dachten sie - kämpft er mit den Mächten der Unterwelt, besiegt sie, um dann am Morgen wieder aus dem Totenreich hervorzukommen und den Menschen das lebensnotwendige Licht zu bringen.
Diese Vorstellungen von der Sonne - sie sind uns fremd. Und doch klingen sie an: in den Bildern der biblischen Texte und in unseren Liedern. Daß die Auferstehung »frühmorgens, als die Sonn' aufgeht«, geschehen sei. Daß Jesus aus der Hölle siegreich wieder ans Licht gekommen ist. Daß er selbst die Sonne ist, die uns Wärme, Licht und Leben schenkt.
Mit all diesen Aussagen soll Antwort gegeben werden auf die Frage: Was ist Ostern geschehen und welche Bedeutung hat das für uns?
Ostern, das soll uns damit gesagt werden, Ostern ist die Voraussetzung dafür, daß wir leben können. An der Sonne, an Jesus Christus, entscheidet sich alles. Ohne ihn ist nur Kälte, Dunkelheit, Trostlosigkeit, Angst und Tod.

Das dritte Symbol ist ein *Schlüssel.*
Wer schon einmal seinen Schlüssel verloren oder verlegt hat, der weiß, wie wichtig ein Schlüssel ist. Er öffnet uns die Türen. Wenn wir einen Schlüssel haben, dann können wir uns frei bewegen, ein- und ausgehen. Der Schlüssel steht für die Freiheit - und gleichzeitig für die Geborgenheit. Wir können nach draußen - und wir können wieder nach Hause zurück. Vorhin haben wir einen Vers aus der Offenbarung gehört, in dem auch von einem Schlüssel die Rede war. Er hieß:
Jesus spricht: »Fürchte dich nicht! Ich bin der Erste und der Letzte und der Lebendige. Ich war tot, und siehe, ich bin lebendig von Ewigkeit zu Ewigkeit und habe die Schlüssel der Hölle und des Todes.«
Wir Menschen können zwar überall hingelangen, ein- und ausgehen. Aber - von den Toten ist noch keiner zurückgekommen. Der Weg dorthin - für uns ist es eine Einbahnstraße. Und gerade deshalb macht uns dieser Weg solche Sorgen, ja Angst. Tod - das ist wie ein endgültiges Gefängnis, wie ein Loch, in das man rettungslos hineinfällt. Ostern will uns diese Angst nehmen. Der Weg in den Tod: er ist keine Sackgasse, kein gähnendes Nichts. Jesus hat die Schlüssel, die uns diese Tür öffnen, die sie zum Durchgang werden läßt zum Leben, zu einem ganz neuen, unvergänglichen Leben. Ostern ist in der Tat das Schlüsselereignis schlechthin. Ostern erst schenkt uns wirkliche Freiheit - die Freiheit von der Angst, daß mit dem Tod alles aus ist. »Ich bin lebendig, sagt Jesus, und habe die Schlüssel der Hölle und des Todes - und damit schließe ich auch für euch diese so gefürchteten Türen auf zum Leben.«

Das vierte Symbol - das kennen alle: es ist das *Ei.*
Das Ei verzehrt sich, braucht sich auf, um Leben hervorzubringen. Es ist das Zeichen für einen unbändigen Lebenswillen. Die Schale steht für den

Tod. Das neue Leben im Ei, das Küken, zerbricht die Schale, weil es ans Licht will, weil es leben will. Das neue Leben zerbricht den Tod und wirft ihn ab. Der Brauch des Eierfärbens - ursprünglich in der Farbe Rot für Liebe und Lebenskraft - hat auch damit zu tun. Ebenso will uns das Suchen nach den Ostereiern ein Zeichen sein. Eier suchen - wie wir es ja nach dem Gottesdienst auch tun - das macht Spaß. Genauso macht es Freude, nach Ostererlebnissen, nach Zeichen der Auferstehung und des Lebens im alltäglichen Leben zu suchen. Wo das Leben hervorbricht, wo es lebendig zugeht und nicht todlangweilig.
Aber schon beim Ostereiersuchen ist die Versuchung groß, zu fragen: Papa, Mama, wo habt ihr denn die Eier versteckt? Dann findet es sich schneller und leichter. Aber - wenn die Eltern es dann sagen, dann geht der Spaß, die Freude eigentlich kaputt. Denn das Suchen selbst - das ist mindestens schon die Hälfte der ganzen Osterüberraschung und Osterfreude.
Ich erinnere mich noch wie mein Vater früher die Eier nicht nur einmal versteckte, sondern auf meine und meines Bruders Bitte ein paarmal. Denn das Suchen und Finden - das war für uns das Schönste.
Und so ist es auch mit Ostern, mit der Botschaft von der Auferstehung. Die Augen offenzuhalten, Begegnungen zu haben, von denen man sagen kann: hier fällt die Angst von mir ab, hier werde ich lebendig und fühle mich frei und geborgen zugleich - darauf kommt es an. Denn Ostern, die Auferstehung: das ist kein Datum im Kalender, sondern ein Ereignis im Leben - nicht erst nach meinem Tod, sondern schon hier und jetzt. Das Leben sprengt jede Todesschale. Gott sei Dank!
Wenn wir nun gleich Julian, Desirée und Chris Sean taufen, dann vollziehen wir sozusagen symbolisch das an ihnen, was Jesus erlebt hat. Taufen hat mit tauchen, untertauchen und eintauchen zu tun. Sie werden eingetaucht in die Tiefen unseres Lebens, in die Tiefen von Leid und Tod, die jeder Mensch durchmachen muß, wenn auch ganz unterschiedlich. Die Christen früher wurden bei der Taufe richtig untergetaucht, damit ihnen das ganz deutlich wurde. Aber sie blieben eben nicht unten. Sie kamen nicht um in der Tiefe, im Leid und im Tod. Sondern sie kamen wieder nach oben, ans Licht, ins Leben - wie Jesus nicht im Dunkel und in der Tiefe des Todes geblieben ist, sondern wieder zum Licht kam, ins Leben. In der Taufe als Sakrament sagt uns Gott: was ich an Jesus getan habe, nämlich ihn nicht im Tod gelassen, das will ich auch an euch tun. Ihr sollt auch nicht im Tod bleiben. Darauf müßt ihr euch nur verlassen. Ihr könnt meinem Wort, das ich im Zeichen der Taufe verbürge, getrost vertrauen.

Taufe

Schlußgebet
Lieber Vater im Himmel,
wie haben in diesem Gottesdienst das Leben gefeiert - und zwar das Leben,

das mit dem Tod fertig geworden ist. Das Kreuz - für uns ist es zum Baum des Lebens geworden, der uns zeigt: mit dem Tod ist nicht alles aus. Sondern durch alles Leid hindurch, das Menschen ertragen müssen und das sie sich gegenseitig antun, blüht uns das Leben. Daß das nicht nur eine blühende Phantasie ist, sondern die Wahrheit über unser Leben, das hat uns Jesus bezeugt. Es ist seine Auferstehung, die uns auf unsere Auferstehung hoffen läßt.
Lieber Vater, wir danken dir darum für diesen Tag, für Ostern.
Und wir bitten dich:
Laß uns gerade dann, wenn es im Alltag um uns dunkel wird, wenn wir krank sind und uns Schmerzen plagen, wenn wir Angst haben um das Leben lieber Menschen, wenn uns die Verzweiflung zu packen droht angesichts des tausendfachen Todes von Menschen und Natur um uns her - laß uns gerade dann das Kreuz, dieses Zeichen des Todes, als Baum des Lebens blühen sehen - dein großes »Trotz-alledem«, mit dem du unser Schicksal endgültig besiegelt hast: zum Leben, zur Freude.
Erhöre uns, wenn wir nun miteinander beten:
Vater unser

Segen

Lied 75

Die Lichter und das Licht

Familiengottesdienst *Gerhard Engelsberger*

Wir feiern die Gottesdienste an Ostersonntag immer als Familiengottesdienste, in die ein Familienabendmahl integriert ist.

Orgelvorspiel

Osterruf
Der Herr ist auferstanden!
Er ist wahrhaftig auferstanden!

Lied
EKG 75, 1-3

Votum, Wochenspruch
Christus spricht: Ich war tot, und siehe, ich bin lebendig von Ewigkeit zu Ewigkeit und habe die Schlüssel der Hölle und des Todes.

Ehre sei dem Vater

Gebet
Nimm
die Härte aus unseren Stimmen
Nimm
des Schatten von unseren Seelen
Nimm
die Last von unserem Rücken
Nimm
den Stein von unserem Grab
Gib uns Geleit.
Amen

Es war *Mitternacht,* als sie Jesus zum Tod verurteilten. Es war Mitternacht, als der Verderber die Erstgeborenen in Ägypten tötete. Es war Mitternacht, als das Volk Israel aufbrach aus der Versklavung. Mitten in der Nacht, wenn die Krise auf dem Höhepunkt ist, entscheidet sich so vieles in meinem Leben.
Wer zeigt mir, wo ich hingehen kann, mitten in der Nacht? Wer bringt mir Licht in mein Dunkel? Wer zündet in mir eine Hoffnung an, die mir Geduld schenkt, den Tag zu erwarten?
In der Feuersäule ging Gott seinem Volk voran in die Freiheit. Nachts das Licht, tagsüber die Wolke. Gott war bei seinem Volk, auch in den Tagen der Wüste. In einem Zelt hatte das Volk seinen heiligsten Symbole aufbewahrt: Das Gesetz, das Mose auf dem Sinai erhalten hatte, und den Leuchter. Von ihm heißt es in 2. Mose 25:
Lesung
2. Mose 25,31–40

Ein *fröhliches Lied* ein Loblied haben die Israeliten gesungen, als sie frei waren. Viele sind aufgebrochen mitten in der Nacht, so wie damals die Israeliten. Mose, Abraham, Jakob - die Geschichte reicht bis zu uns heute. Wenn die Not so groß wird, daß ich nicht mehr leben mag, dann breche ich auf und bin so frei, mir ein Land zu suchen, in dem ich leben kann.
Lied
Laßt uns gehn in unser Land (Horst/Keller, Burckhardthaus-Verlag, Gelnhausen)

Nun *zünden wir die Kerzen an unserer Menorah,* am siebenarmigen Leuchter an. Bevor unsere Osterkerze brennen kann, brennen die sieben Kerzen am jüdischen Leuchter und erinnern an das Licht, das Gott immer wieder in das Leben seines Volkes gebracht hat.

Instrumentalmusik (Flötengruppe)

Die Befreiungsgeschichte Gottes geht weiter. Sie geht über sein Volk hinaus. Aber zuerst muß dieses Volk schlimme Erfahrungen machen. Es ist nicht lange frei, dann kommen von Norden, von Süden und vom Osten die unterschiedlichsten anderen mächtigen Völker und nehmen das Land in Besitz. Die Menschen werden vertrieben. Später dürfen sie zurückkehren, sind aber abhängig von der Gnade der Fremden. Der Tempel, in dem der Leuchter und das Gesetz aufbewahrt wurde, ist zerstört. Sie bauen ihn wieder auf. Zu Lebzeiten Jesu wird immer noch daran gebaut. Jesus sagt: In drei Tagen wird der Tempel zerstört und wieder aufgebaut.
Ja, der Tempel wurde endgültig zerstört, kurz nachdem er fertiggestellt war. Bis heute steht nur eine einzige Mauer. Die Klagemauer. Ihr kennt sie vielleicht vom Fernsehen. Viele fromme Juden beten dort täglich um das Kommen des Messias. Sein Kommen ist versprochen. Er kommt wie ein Licht. Das Volk, das im Finstern wandelt, sieht ein großes Licht, und über denen, die da wandeln im finstern Land, scheint es hell. So lesen wir beim Propheten Jesaja. Ein großes Licht, zu diesen vielen Lichtern, die Gott angezündet hat im Leben seines Volkes, im Leben aller Völker, im Leben jedes Einzelnen, - zu diesen vielen Lichtern kommt das eine große, das die Nacht endgültig vertreibt, den Tod besiegt.

Aber zuerst muß es auch dunkel werden in diesem einen Leben, im Leben dessen, den wir Gottes Sohn nennen, weil Gott bei seiner Taufe gesagt hat: Das ist mein lieber Sohn.
Er war ein Mensch, wie Gott sich Menschen vorgestellt hat. Er hat gesagt, er sei gekommen, zu dienen. Er hat gesagt, er sei gekommen, die Verlorenen zu suchen, zu denen, die im Dunkeln sind, zu denen, die keine Hoffnung mehr haben. Geheilt hat er, gepredigt, geholfen, aufgerichtet, befreit, Kinder waren willkommen bei ihm, Menschen - und Beziehungen konnten heilen.

In der Nacht feiert Jesus mit den Jüngern das Abendmahl. Die Bibel sagt:
Einsetzungsworte zum Abendmahl
aus 1. Kor. 11,23-25
Sie haben ihn gefangengenommen, verurteilt und gekreuzigt. Mitten am Tag, so erzählt uns die Bibel, wird es dunkel.
Dann der Ostermorgen. Als die Frauen noch im Finstern zum Grab gehen, erschrecken sie. Jesus ist nicht mehr da. Sie hören, er ist auferstanden. Sie laufen zu den Jüngern, die kaum glauben wollen, was ihnen die Frauen erzählen. Aber dann breitet sich die gute Nachricht aus. Jesus ist auferstanden!

Lied: Halleluja (Hopfer, aus: Anhang 77, Neue geistliche Lieder, Stuttgart 1977, Nr. 641)

Wir hören die Osterbotschaft aus dem Johannesevangelium:
Lesung
Johannes 20,1–8

Osterkerze anzünden
Es ist das eine Licht aus dem Licht Gottes. Es ist der eine Gott, der sein Volk befreit hat aus der Sklaverei, der die ganze Welt befreit aus Todesnot und Todesangst. Christus ist Licht vom Licht, wahrer Gott und wahrer Mensch. Deshalb soll das Licht der Osterkerze brennen als Zeichen für das eine große Licht, das uns alle aus dem Finstern reißt.

Kerzenleuchter werden gebracht

Christus spricht: Ich bin das Licht der Welt. Wer mir nachfolgt, der wird nicht wandeln in der Finsternis, sondern wird das Licht des Lebens haben (Joh 8,12)

Bibel wird gebracht

Christus spricht: Wer mein Wort hört und glaubt dem, der mich gesandt hat, der hat das ewige Leben (Joh 5,24).

Brot wird gebracht

Christus spricht: Ich bin das Brot des Lebens. Wer zu mir kommt, den wird nicht hungern; und wer an mich glaubt, den wird nimmermehr dürsten (Joh 6,35).

Traubensaft wird gebracht

Christus spricht: Ich bin der Weinstock, ihr seid die Reben. Wer in mir bleibt und ich in ihm, der bringt viel Frucht (Joh 15,5)

Wasser wird gebracht

Christus spricht: Es sei denn, daß jemand geboren werde aus Wasser und Geist, so kann er nicht in das Reich Gottes kommen. (Joh 3,5)

Blumen werden gebracht

Christus spricht: Ich bin die Auferstehung und das Leben. Wer an mich glaubt, der wird leben, auch wenn er stirbt; und wer da lebt und glaubt an mich, der wird nimmermehr sterben. (Joh 11,25)

Lied
EKG 82, 1–3

Gebet
Wir danken dir, ewiger Gott,
daß du uns in unserem Leben nicht allein läßt.
Wir Kinder danken dir, daß du es gut mit uns meinst, so wie wir sind.
Wir Jugendliche danken dir, daß du unseren Weg begleitest, auch wenn er für uns noch so fremd und unübersichtlich ist.
Wir Erwachsene danken dir, daß du uns Wege zeigst, wo wir uns verrannt haben.
Wir Alte danken dir, daß du uns bis ins Alter geleitest hast.
Gott, ewiger Vater,
Gott, Sohn des Höchsten,
Gott, heiliger Geist,
Dir sei Dank für das Licht des Lebens.

Wir heißen nicht nur Kinder Gottes, wir sind es auch. Wir beten gemeinsam zu unserem Vater:
Vater unser, Friedensgruß

Instrumentalmusik (Flötengruppe)

Nun *laßt uns teilen, was Gott uns schenkt,* Sorgen und Hoffnungen, Zeit und Leben, Liebe und Geduld, Brot und Traubensaft.
Wenn zwei oder drei in Christi Namen versammelt sind, so ist er mitten unter ihnen. Kommt, es ist alles bereit.

Kommunion
Während der Austeilung singen:
Komm, sag es allen weiter (Hoffmann/Walz, aus »Neue geistl. Lieder«, Bosse Verlag, Regensburg)
Gib uns Frieden jeden Tag (Lüders/Rommel, aus »Neue geistl. Lieder«, Bosse Verlag, Regensburg)

Dankgebet

Lied
Komm, Herr, segne uns (Trautwein)

Abkündigungen, Segen

Der Weg ins Leben

Osternachtmeditation

Wolfgang Herrmann

Dialog und Lesung

Warum ist diese Nacht
ganz anders als alle anderen Nächte?
Warum hören wir an, was wir schon wußten,
und warum gehn wir zurück
bis zum Anfang?
  Damit wir nicht vergessen,
  wer wir sind,
  damit wir sehen und erkennen
  und glauben,
  daß wir Menschen sind.
Warum ist diese Nacht
ganz anders als alle anderen Nächte?
Jeden Tag, jeden Abend
gehen wir unsere eigenen Wege,
aber heute
sind wir alle an einem Ort versammelt.
  Weil wir Sklaven waren,
  aber zur Freiheit berufen wurden,
  weil wir gerettet wurden,
  damit wir zusammengehören,
  weil wir in dieser Nacht
  zur Freiheit berufen werden.
Warum ist diese Nacht
ganz anders als alle Nächte?
(Nach der jüdischen Passa-Liturgie)

  Hier ist der Bericht
  von unserer Befreiung.
  (Paraphrase nach Exodus 1-15)

In jenen Tagen
wohnte das Volk Israel in Ägypten.
Es war dort fruchtbar und vermehrte sich,
und wurde so zahlreich, daß es das Land überflutete.
Da sprach der König von Ägypten:
Dieses Volk Israel wird uns zu mächtig.
Wir müssen gegen sie vorgehen mit harter Hand.

Und lange Jahre
stöhnten die Israeliten unter der Sklaverei,
und ihr Rufen stieg zu Gott empor.
ER hörte sie rufen
und gedachte Seines Bundes
mit Abraham, Isaak und Jakob.

> Gott sprach zu Mose:
> Ich werde für dich dasein.
> Ganz gewiß habe ich das Stöhnen
> der Kinder Israels gehört.
> Ich werde euch herausführen,
> und ihr sollt wissen,
> daß ich euer Gott bin
> und daß ich rette.
> Wunder werde ich wirken
> vor den Augen des Pharao
> und vor dem ganzen Volk Israel.
> Und es geschah so.

Und Gott
ließ das Volk durch die Wüste
ans Schilfmeer ziehen.
Und ER zog vor ihnen her,
am Tage in einer Wolkensäule,
um sie den rechten Weg zu führen,
und bei Nacht in einer Feuersäule,
um ihnen zu leuchten,
damit sie Tag und Nacht wandern konnten.

> Am Schilfmeer
> hoben die Israeliten ihre Augen auf,
> und siehe,
> die Ägypter zogen hinter ihnen her.
> Und sie fürchteten sich
> und schrien zu dem Herrn
> und sprachen zu Mose:
> »Waren nicht Gräber in Ägypten,
> daß du uns wegführen mußtest,
> damit wir in der Wüste sterben?«
> Da sprach Mose zum Volk:
> »Fürchtet euch nicht, steht fest
> und sehet zu, was für ein Heil
> der Herr heute an euch tun wird.
> ER wird für euch streiten,
> und ihr werden stille sein.«

Als nun Mose
seine Hand über das Meer reckte,
ließ es der Herr zurückweichen
durch einen starken Ostwind die ganze Nacht
und machte das Meer trocken,
und die Wasser teilten sich.
Und die Israeliten
gingen hinein mitten ins Meer auf dem Trockenen,
und das Wasser
war ihnen eine Mauer zur Rechten und zur Linken.
Und die Ägypter
folgten und zogen hinein
ihnen nach,
alle Rosse des Pharao, seine Wagen und Männer,
mitten ins Meer.
Da reckte Mose
seine Hand aus über das Meer,
und das Meer kam gegen Morgen wieder in sein Bett,
und die Ägypter flohen ihm entgegen.
So stürzte der Herr
sie mitten ins Meer.
Und das Wasser kam wieder
und bedeckte Wagen und Männer,
das ganze Heer des Pharao,
das ihnen nachgefolgt war ins Meer,
so daß nicht einer von ihnen übrigblieb.
So errettete der Herr an jenem Tage
Israel aus der Ägypter Hand.
Und Israel sah
die mächtige Hand, mit der der Herr
an den Ägyptern gehandelt hatte.

Da nahm Mirjam,
die Prophetin, Aarons Schwester,
eine Pauke in ihre Hand,
und alle Frauen
folgten ihr nach
mit Pauken im Reigen.

Und Mirjam sang ihnen vor:
»Laßt uns den Herrn singen,
denn er hat eine große Tat getan,
Roß und Mann
hat er ins Meer gestürzt.«

Lied

Im Lande der Knechtschaft (Mirjam schlug auf die Pauke)

Text und Melodie: Claudia Mitscha-Märheim

2. Die Narben der Knechtschaft an Schultern und Knien, die Blicke verhalten und scheu, die Rücken gebeugt noch, so ziehn sie dahin, und die Frei-

heit ist drohend und neu. Es lockt die Versuchung, zurück zu fliehn in die Sicherheit der Sklaverei. Doch ...
Refrain: Mirjam, Mirjam ...

3. Die Bande der Knechtschaft, die fall'n langsam ab, die Schritte verlernen den Trott, entwachsen den Ketten, entstiegen dem Grab: das Leben besiegt den Tod. Ihr Weg ist noch weit, doch sie haben Kraft, denn in ihren Herzen ist Gott. Denn:
Refrain: Mirjam, Mirjam ...

Meditation

Der Zug durchs Schilfmeer gehört zu den Texten, die ursprünglich und seit uralten Zeiten in der Osternacht gelesen werden.
Das Osterfest hat seine Wurzeln im jüdischen Passafest. Dieses Fest wird zuhause, in der Familie gefeiert. Wenn alle am festlichen Tisch versammelt sind, stellt der Jüngste in der Familie die Frage: Warum ist diese Nacht ganz anders als alle anderen Nächte? Und dann wird die Geschichte vom Auszug aus Ägypten, vom Passamahl und von der Rettung am Schilfmeer gelesen.
Wenn wir Ostern feiern, sind wir durch die Wurzel des Passafestes mit dem alten Gottesvolk, dem Volk Israel, verbunden.
Jede Generation soll so Passa feiern, als sei sie selber aus der Sklaverei gerettet worden.
Auf diesem Hintergrund haben die Christen verstanden: Die Nacht, in der Christus vom Tod zum Leben hindurchdringt. Die Nacht des Hindurchzuges durch Hölle und Tod. Und wir ziehen mit ihm.
»Ich hang und bleib auch hangen an Christus als ein Glied, wo mein Haupt durch ist gegangen, da nimmt er mich auch mit. Er reißet durch den Tod, durch Welt, durch Sünd, durch Not, er reißet durch die Höll, ich bin stets sein Gesell.«
Der Osterjubel der Christen wird vom Lied der Mirjam vorweggenommen. Nicht nur, daß die Schwester von Mose und Aaron den gleichen Namen wie die Mutter Jesu trägt. Ihr Lied ist das älteste Lied der Bibel überhaupt.
Ist es Zufall, daß die Stimme der Frauen, ihr Lied, ihr Tanz, die erste Antwort auf das Wunder der Rettung war?
Wieder und wieder wurde dieses Lied aufgenommen, immer dann, wenn Versklavte und Entrechtete Freiheit und Würde zurückgewonnen haben. Oft unter schrecklichen Opfern. Und oft unter wunderbaren Umständen.
Die andere Mirjam der Bibel, Maria aus Nazareth, wird später singen:
Meine Seele erhebt den Heern,
und mein Geist freut sich Gottes, meines Heilandes;
...
Denn er hat große Dinge an mir getan,
der da mächtig ist und dessen Name heilig ist.
...

Er übt Gewalt mit seinem Arm
und zerstreut die Hochmütigen.
Er stößt die Gewaltigen vom Thron
und erhebt die Niedrigen.
...
Er gedenkt der Barmherzigkeit
und hilft seinem Volk auf.
Und wir Heutigen?
Wo ziehen wir hindurch? Aus der Sklaverei in die Freiheit? Ist die Einigung Deutschlands, die Einigung Europas solch ein Weg? Gewiß ein mühsamer Weg. Doch haben wir das Wunder der Befreiung erlebt: 1945, 1989.
Teilen wir den Weg in die Freiheit, den Weg ins Leben mit den vielen Völkern dieser Welt, die stöhnen und schreien, wie es einst die Kinder Israel taten? Die unter dem Joch von Krieg und Terror, Hunger und Elend schmachten und sterben?
Richten wir unsere Gedanken nach Süden, nach Osten, zu den Unglücklichen, den Opfern von Terror und Krieg.

Schweigen

Denken wir an uns selbst. Unsere eigenen Wege ins Leben. Denken wir daran, wo wir unfrei waren oder unfrei sind. Wo wir uns auswegslos befunden haben und in großer Gefahr, wie Israel am Rande des Schilfmeeres.

Schweigen

Denken wir daran, wie wir weitergegangen sind, weitergeführt wurden. War da nicht eine starke Hand? Manchmal?

Schweigen

Lied
Im Lande der Knechtschaft

Der Gottesdienst wird fortgesetzt mit *Osterevangelium, Abendmahlsfeier* und anschließendem *Osterfrühstück.*

Licht für euch!

Tauffeier aus einem Gottesdienst in der Osternacht

Hannes-Dietrich Kastner

Nach der Lesung des Osterevangeliums und der *Anzündung der vielen Kerzen* folgt das *Taufgedächtnis,* danach die *Taufe* zweier junger Frauen.

Gesang:

»Im Dunkel der Nacht«
Musik: Jacques Berthier
Text: © Les Presses de Taizé
Deutsche Rechte: Christophorus-Verlag, Freiburg i. Br.
Während dieses Gesanges wird das Wasser in die Taufschale gegossen.

Taufgedächtnis

Seht, das Wasser!

Ich – wir – wir sind getauft im Namen des Vaters und des Sohnes und des Heiligen Geistes.

Andere Menschen kommen in dieser Nacht oder in der Frühe des Ostermorgens hinzu.

Im Zeichen der Taufe,
durch Wasser und Heiliges Wort werden also wieder Menschen von Christi Gegenwart berührt werden.
Seht,
das Wasser,
wie sich das Licht in ihm spiegelt ...
Wir bitten dich, Gott:
Laß uns in die Freiheit Christi hineinwachsen.
Nicht den dunklen Wassern wollen wir uns anvertrauen,
sondern dem klaren Wasser,
aus deinen Quellen.
Amen.

Gesang
Kyrie eleison

Lesung
So schreibt Paulus im 6. Kapitel seines Briefes an die Gemeinde in Rom:
Wir sind auf Christus getauft.
Als man uns ins Wasser tauchte,
geschah an uns derselbe Tod
wie an Jesus Christus.
(Denn das Wasser ist der Tod.)
Alles, was wir vorher waren,
ist nun,
da wir getauft sind,
tot und begraben,
so wie Christus begraben war.
Doch - wie Christus durch die Macht des Vaters
neues Leben empfangen hat aus dem Tod,
so haben auch wir ein neues Leben erhalten
und können fröhlich in einen neuen Tag gehen. Amen.

N. N. du hast den Wunsch geäußert,
in dieser Nacht die Heilige Taufe zu empfangen.
Ich frage dich vor dieser Gemeinde:
Willst du im Namen Gottes, des Vaters,
und des Sohnes
und des Heiligen Geistes
getauft werden?
Dann antworte »Ja«.

Antwort
Ja

Glaubst du an Gott,
der es Licht werden ließ
und uns ins Leben rief?

Antwort
Ja, ich glaube an Gott,
den Schöpfer des Himmels und der Erden.
Ich glaube, daß er unser aller Leben will.

Glaubst du an Jesus Christus?

Antwort
Ja, ich glaube,
daß er in ganz besonderer und unverwechselbarer Weise
Gottes Nähe erfahren,
sowohl in seinem Leben als auch in seinem Sterben.
Sein Gottvertrauen berührt mich -
und Christi Vertrauen erbitte ich.

Glaubst du an den Heiligen Geist?

Antwort
Ja, ich vertraue darauf,
daß es Gottes Atem ist,
der mich lachen, weinen, singen und schweigen läßt,
der in mir Freude weckt, den Jubel -
und auch den Protest gegen die Mächte des Bösen.

N.N.
auch dein Wunsch ist es,
in dieser Nacht die Heilige Taufe zu empfangen.
Ich frage dich inmitten dieser versammelten Gemeinde:
Willst du im Namen Gottes, des Vaters,
und des Sohnes
und des Heiligen Geistes
getauft werden?
Dann antworte: »Ja«.

Antwort
Ja.

N.N.
Wenn Christinnen und Christen den Gottesnamen nennen, -
welche Gedankenverbindungen kommen dann dir?

Antwort
Gott, er ist es, der die Mächte des Chaotischen brach,
um einen geordneten Kosmos zu bilden,
einen Ort, an dem wir leben können.
Himmel und Erde sind seine Werke.
Alles hat er uns anvertraut - zur Freude -
und um es zu bewahren.

Der Name Christi? Was bedeutet er dir?

Antwort
Die Art, in der Jesus Gott für sich selbst,
aber auch für Kinder, Frauen und Männer in Anspruch nimmt,
ich möchte seine Art nicht mehr missen.
Durch Christus, so glaube ich,
haben nun alle Völker Anteil am Reichtum des Gottesvolkes,
an Gottes Worten und an reichen Hoffnungen.

Die Kirche Jesu Christi spricht vom Heiligen Geist,
der Gemeinschaft stiftet im Haus des Lebens.
Was kommt dir in den Sinn, wenn jemand vom Heiligen Geist spricht?

Antwort
Ich wünsche mir das Feuer des Gottesgeistes,
um mit ihm alles Kalte und Erstarrte aufzutauen.
das traue ich dem Gottesgeist zu,
daß er Menschen verbindet
und Menschenherzen begeistert oder auch tröstet.

Glauben - Vertrauen - den Glauben wagen ...
Den Glauben gewinnen - den Glauben verlieren - und wieder neu beginnen ...
Liebe N.N. und liebe N.N.,
wir möchten Euch beide spüren lassen,
daß wir zu Euch gehören und Ihr zu uns,
daß wir gemeinsam Kirche Jesu Christi zu sein versuchen.
Wir wollen es Euch spüren lassen, indem wir mit Euch zusammen aussprechen, was uns im Glauben verbindet:
Credo

Taufe
N.N.,
ich taufe dich im Namen Gottes, des Vaters,
und des Sohnes und des Heiligen Geistes.

Nimm hin das Zeichen des Kreuzes Jesu Christi †
es verbindet dich mit seinem Weg.

Taufwort (Patin/Pate)
Christus spricht:
Glücklich sind, deren Herz in Klarheit;
sie werden Gott in seinem Lichte schaun.
Der Friede Gottes ist bei dir! (Matthäus 5,8)

N.N.,
ich taufe dich im Namen Gottes, des Vaters,
und des Sohnes und des Heiligen Geistes.
Nimm hin das Zeichen des Kreuzes Jesu Christi †
es verbindet dich mit seinem Vertrauen.

Taufwort (Patin/Pate)
Paulus schreibt:
Wenn ich mit Menschen- und mit Engelzungen redete
und hätte die Liebe nicht,
so wäre ich ein tönendes Erz oder eine klingende Schelle.
Wenn ich prophetisch reden könnte und alle Geheimnisse wüßte –
und alle Erkenntnis –
und hätte allen Glauben, so daß ich Berge versetzen könnte,
und hätte die Liebe nicht,
so wäre ich nichts.
Die Liebe ist langmütig und freundlich,
die Liebe eifert nicht,
die Liebe treibt nicht Mutwillen,
sie bläht nicht auf,
sie verhält sich nicht ungehörig,
sie sucht nicht das Ihre,
sie läßt sich nicht erbittern
und rechnet das Böse nicht zu …
Es bleiben: Glaube, Hoffnung, Liebe, diese drei:
aber die Liebe ist die größte unter ihnen. (1. Korinther 13)
Der Friede Gottes ist bei dir!

Segensgebet
Gott,
Ewiger,
der du uns mütterlich – väterlich nahe bist:
wir bitten dich,
schenke N.N. und N.N. dein Vertrauen,
dein Herz.

Mache die Freude über die Taufe groß,
so groß,
daß sie mit uns zusammen einen Wall gegen die Mächte der Zerstörung aufrichten,
einen Wall gegen Vorurteile und Dummheit,
einen Wall auch gegen die Not.
Dein Segen, Gott, komme über N.N. und N.N. und über deine Gemeinde.

Gott,
Ewiger,
wir danken dir für Menschen unseres Vertrauens,
für Paten, die uns begleiten und ernstnehmen,
für gute Freundinnen und Freunde,
für die Geborgenheit zu Hause -
für eine wachsende ökumenische Gesinnung
im Miteinander von Konfessionen und Religionen.
Bewahre uns,
Gott,
und hilf uns, die Bande des Vertrauens zu pflegen
und zu beleben.
Amen.

Die Paten entzünden Taufkerzen am Osterlicht.
Licht für N.N.!
Licht für N.N.!

Christus spricht:
Was ihr tut,
das tut im Licht,
solange ihr es habt,
damit euch die Finsternis nicht verschlingt.
Ich bin das Licht der Welt.
Amen. (Joh. 9,5)

Es folgt die *Mahlfeier.*

Predigten

Der Tod – ein Gast auf Zeit

Text: Matthäus 27,57–61 *Ludwig Burgdörfer*

Liebe Ostergemeinde,
der Osterglaube entdeckt im leeren Grab das volle Leben! Eine Grabrede will ich heute halten. Heute am Ostersonntag, und den Anstoß dazu hat mir dieser eben gehörte Bibelabschnitt gegeben, der ja noch einmal auf den Karfreitagsabend zurückblendet.
Irgenwann im Jahre 32 etwa wird es wohl fertiggeworden sein, das Grab des Josef von Arimatia. Eine Höhle in Stein gehauen, mannshoch und geräumig fast. Ein Realist muß er gewesen sein, jener Josef. Nicht nur reich an Vermögen, sondern offenbar auch an Weisheit und Verstand – wohlwissend, daß auch er einmal sterben muß.
Der kluge Mann baut vor.
Der kluge Josef baut vor seinem Tode ein Felsengrab. Da auf dieser steinernen Bank würde er einmal hingelegt werden ... Es muß schon ein merkwürdiges Gefühl gewesen sein bei der Besichtigung seiner eigenen letzten Ruhestätte. Ähnlich wohl, wie wenn Menschen, deren Ehepartner schon gestorben ist, auf dem neuen Grabstein ihren eigenen Namen ebenfalls anbringen lassen – wo nur noch das Todesdatum fehlt. Wenn wir schon wissen, was kommt, so beruhigt es doch, wenigstens zu wissen, wohin man kommt.
So wird Josef von Arimatia womöglich auch gedacht haben. Und dann ist doch alles ganz anders gekommen. Wenige Monate später – am 14. Nisan 33 etwa, also am Karfreitag – wird sein Grab belegt von einem anderen. Josef selber trägt Jesus mit hochoffizieller Erlaubnis von Pilatus in sein eigenes Grab. Auf dem Platz auf der steinernen Bank liegt plötzlich ein anderer – und für Josef muß es gewesen sein, als ob jener grad an seiner Stelle gestorben wäre. So als bräuchte er nun nicht mehr zu sterben, weil da ja ein anderer auf seinem Grabplatz liegt.
Gekreuzigt, gestorben und begraben – hinabgestiegen in das Reich des Todes. Jesus, der tote Gottessohn und Menschenfreund, liegt in jenem neuen Grab, das eigentlich einem anderen gehört. Und dieser andere, dieser reiche Josef, ahnt noch gar nicht, für welches Ereignis er seine Höhle für 3 Tage nur vermietet hat: Der Tod als Gast auf Zeit – diese Erfahrung ist bis dahin unbekannt. Es passiert dann, so die Osterbotschaft, am dritten Tage nach dem Tod Jesu. Da bekommt Josef sein Grab wieder zurück, fast neu noch, aber völlig verändert. Jesus hat ihm wieder Platz gemacht. Das von ihm selbst verschlossene Grab ist offen, man kann hinaus, Jesus hat es vorgemacht. Josef ist dadurch nicht unsterblich geworden. Aber er hat einen Vorgänger, der seine Höhle zur Durchgangsstation auf dem Weg zu Gott gemacht hat. Erst mag er gedacht haben, daß es ja eine Ehre ist, eines Tages

bei dem verehrten toten Jesus begraben zu sein. Nun aber darf Josef wissen, daß, bevor er ins Grab muß, Jesus schon drin und wieder draußen ist. Und wir dürfen wissen, daß wir bevor wir in unser Grab müssen, uns halten dürfen an jenem Vorgänger. Wer will da noch behaupten, daß es die Endstation allen Lebens ist, das Grab. Nur wer keinen Osterglauben hat und wer Josef von Arimatia nicht kennt. Für alle Grabbesitzer dieser Welt hat er als erster diese Erfahrung hautnah gemacht.

Das ist die Grabrede, die ich heute an Ostern halten muß. Der Osterglaube entdeckt im leeren Grab das volle Leben. Wie oft standen wir schon tieferschüttert an neuen Gräbern und nahmen schwersten Herzens Abschied von Menschen, die uns lieb und teuer waren und sind. Wie oft werden wir noch so an Gräbern stehen, ehe man uns selber hinausträgt irgendwann? Aber seit jenem Ostermorgen, als Gott seinen toten Jesus herausgerufen hat und das felsenfeste endgültige Grab sich öffnen mußte für das Licht des ewigen Lebens, seitdem dürfen wir ruhiger und gelassener aufs Grab zugehen. Jesus sagt: Ich lebe – und ihr sollt auch leben!

Josef von Arimatia mag vor Ostern schon ein reicher Mann gewesen sein, danach war er es erst recht: ein Mensch reich an Hoffnung mit Blick nicht nur in sein Grab hinein, sondern auch aus seinem Grab heraus. Mit Aussicht auf das volle sinnerfüllte Leben vor und nach dem Tode.

Ostern ausprobieren

Text: Matthäus 28,1–10 *Jörg Rothermundt*

Aus sehr bekannten Bibeltexten entstehen leicht langweilige Predigten. Der Prediger erklärt Dinge, die längst allen klar sind. Heute haben wir einen solchen, altbekannten Predigttext, nämlich die Erzählung von der Auferstehung Jesu nach dem Evangelisten Matthäus. Bei der Beschäftigung mit dem Text ist mir aber etwas aufgefallen, was Sie interessieren könnte. Hier wird überhaupt nicht die Auferstehung Jesu erzählt – die hat gar niemand gesehen –, sondern was ein paar Frauen an diesem Morgen erlebt haben. Völlig überraschend erleben sie ihre eigene Auferstehung, ihre schrittweise Auferstehung. Da wir uns von diesen Frauen nur wenig unterscheiden, bietet die Erzählung das Modell unserer eigenen Auferstehung. Achten Sie deshalb auf das, was von den Frauen gesagt wird, wenn ich jetzt den Text lese:

Matthäus 28, 1–10

1. Am Anfang steht ein großes Erdbeben. Die Erde wankt, der Lebensraum ist bedroht. Ein Erdbeben ist für uns meist nur eine Fernsehnachricht: ein begrenztes Epizentrum, eine Frequenz auf der Richter-Skala, 5 oder 10 Sekunden Bilder von zerstörten Gebäuden. In biblischen Zeiten war das anders. Man dachte sich die Erde als Scheibe, die mit Grundfesten verankert ist, damit die Brunnen der Tiefe nicht aufbrechen und das Chaos heraufkommt. Wenn also die Erde wankt, ist der Lebensraum bedroht.
   Es braucht ja kein buchstäbliches Erdbeben sein. Bedrohung des Lebens erleben auch wir. Als vor ein paar Jahren der Atomreaktor von Tschernobyl explodierte, hatten wir alle Angst. Fast haben wir's vergessen. Da wäre neulich in Tomsk um ein Haar dasselbe passiert. Nicht weniger erschütternd sind Beben, die einzelne bedrohen: wenn eine Freundschaft wankt, wenn die Gesundheit wackelt, wenn der Arbeitsplatz nicht mehr fest ist.
   Die Auferstehung beginnt paradoxerweise mit der Gefährdung des Seitherigen. Die niedergeschlagenen, enttäuschten, verängstigten Frauen und Jünger werden noch mehr durcheinander gebracht. Sie dürfen sich nicht einrichten in ihrer Trauer, nicht einmal richtig Abschied nehmen. Aber wenn Neues entsteht, kann das Alte nicht bleiben. Es wird aufgebrochen wie das Grab, durchgeschüttelt wie die Erde, durcheinandergebracht wie die Frauen. Ohne Aufbruch, ohne Krise, ohne Erschütterung gibt es kein neues Leben.
   Wer in der Krise steckt, kann noch nicht glauben, daß sich etwas Neues anbahnt. Er hat nichts als Angst, wie die Frauen. Und die Erschütterung allein ist auch noch nicht das Neue. Das sieht man an den Wachen. Sie beben vor Angst und sind wie tot (V. 4). Sie werden und bleiben zitternde Erde, Todesleben.
2. Für die Frauen jedoch beginnt mit der Erschütterung der Prozeß der Auferstehung. Der Engel sagt zu ihnen: »Habt keine Angst!« Damit ist die Angst zwar nicht weggeblasen. Sie laufen »mit Furcht« vom Grab weg, und als ihnen Jesus selbst begegnet, muß er noch einmal sagen: »Fürchtet euch nicht!« Aber in die Furcht mischt sich »große Freude«. Wahrscheinlich kennen Sie das aus eigener Erfahrung. Mitten in der Krise einer Freundschaft taucht etwas Neues auf: der Abschied vom Seitherigen, der Beginn einer neuen Freundschaft oder ein Neubeginn mit dem gleichen Partner auf einer neuen Grundlage. Da keimt Freude auf, erwartungsvolle Hoffnung. Nicht daß die Angst damit weg wäre. Es ist eine eigenartige Mischung, ein Hin- und Hergerissenwerden. Das braucht Zeit, durchläuft mehrere Phasen. Die Osterfreude beginnt nicht erst dann, wenn alle Furcht und Sorge verschwunden sind. Sie mischt sich ein. Sie läßt sich nicht unterkriegen. Sie erweist sich stärker als die Angst, denn an Ostern hat Jesus den Tod wirklich besiegt und damit Leben ermöglicht.

Ich sagte schon: Es ist ein Prozeß, eine schrittweise Auferstehung. Das Wort Prozeß ist usprünglich lateinisch und heißt nichts anderes als »Vorwärtsgehen«. Achten wir auf die Verben der Bewegung in unserem Text! Am Anfang kommen die Frauen zum Grab wie um dort zu bleiben. Die Worte des Engels drehen die Bewegung um: »Nicht hier! Geht schnell, sagt es seinen Jüngern! Und siehe er wird vor euch hingehen nach Galiläa.« (V. 6–7)

Neues Leben beginnt, wo sich der Blick löst vom Alten und in eine neue Richtung geht. Wenn dann auch die Füße in Bewegung kommen, langsam zuerst und dann immer schneller, dann begegnet nicht nur der Engel, sondern Jesus selbst. Er erscheint noch nicht am Grab, dem Ort des Todes und der Erschütterung, sondern erst, nachdem der Prozeß (das Vowärtsgehen) begonnen hat. Es hat also keinen Sinn, stehen zu bleiben und zurückzublicken, auf das Alte, die Trümmer, das Grab, den Stein, den Toten, den Gewesenen. Wenn wir Schritte tun und seien sie noch so zögernd und stolpernd, im Vertrauen auf die Botschaft vom Leben, dann begegnet uns das Leben in Person.

Wohin sollen wir gehen? Die Frauen sollen nach Galiläa gehen, also dorthin, wo sie her sind, wo ihre Arbeit, ihre Familie, ihre alltägliche Umgebung ist. Dazu paßt eine interessante Einzelheit. Als Jesus den Frauen begegnet, sagt er nicht »Schalom« wie in anderen Geschichten (»Friede sei mit euch!«), sondern »Chairete« wie damals jeder sagte, der griechisch sprach. Er sagte also »Guten Tag« oder »Grüß Gott« oder »Hallo«, ganz alltäglich. Aufstehen und hingehen, das sind nicht die großen, spektakulären Dinge, sondern die ganz alltäglichen.

3. Zum Schluß möchte ich Ihnen ein Prosagedicht lesen, das das, was ich sagen wollte, gut zusammenfaßt:

»Steh auf
wenn dich etwas umgeworfen hat
steh auf
gerade wenn du meinst
du könntest nicht aufstehen
der stein vor deinem grab
wird sich von selbst
fortbewegen
es wird dir ein stein vom herzen fallen
mach alle ostergeschichten wahr
und frage nicht ob sie wahr sind
probier sie aus
ob sie auf dich passen
sie passen auf dich
sie sind keine totengeschichten
probier sie

dann wirst du sehen
es sind wahrsagegeschichten.«
(W. Willms: Der geerdete Himmel, Verlag Butzon & Bercher, Kevelaer, [7]1986, 10.5 (Auszug))

Wahrsagegeschichten sind die Ostergeschichten. Sollen wir uns auf unsichere Wahrsagerei einlassen? Aber in dem Wortspiel steckt auch das andere: Es sind Wahr-Sage-Geschichten, Geschichten, die die Wahrheit sagen, eine Wahrheit, auf die man sich verlassen kann. Amen.

Das Kraut, dem kein Tod gewachsen ist

Text: Matthäus 28,1ff. *Klaus von Mering*

Alleluja
Kanon zu 3 Stimmen

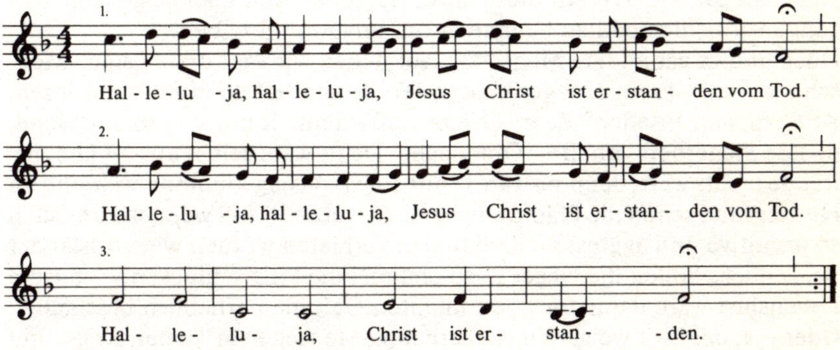

(Deutscher Text: Klaus von Mering)
Wolfgang Amadeus Mozart (1756–1791)
Aus »Exultate, jubilate«

Liebe Gemeinde!
Schön, so zu singen, nicht wahr: »Halleluja, Christ ist erstanden vom Tod«. Die leichtfüßige Mozartmelodie kommt vielen von uns sicher entgegen an diesem Morgen. (Zugegeben: Das Wetter könnte frühlinghafter sein, die Preise niedriger und die Insel nicht gar so voll. Aber was soll's. Angesicht dieses Festes, an dem wir nicht irgendetwas im Leben, sondern das Leben selbst feiern, ist das doch alles so wichtig nicht!).

Aber es könnte ja sein, daß jemand hier unter uns sitzt, dem ist so ein fröhliches Singen gar nicht aus dem Herzen gesprochen. Dem oder der liegt der Stein noch ganz schwer auf der Seele, den die Frauen da im Evangelium überaschend als beiseitegewälzt erleben. Das Grab, an das Sie in Gedanken zurückkehren, ist geschlossen: das Grab eines Menschen, der Ihnen wichtig war; das Grab eines großen Wunsches oder kühnen Traumes, das Grab jener geheimnisvollen Kraft, die wir Sinn nennen oder einfach Lebenslust, Energie oder Selbstvertrauen. Können Sie mit diesem fröhlichen Kanon etwas anfangen? Tut er Ihnen nur weh oder kann er so etwas wie die Spitze einer Brechstange werden, die Bewegung in den Stein bringt?
Ich denke, wenn es nur eine oder einer unter uns wäre, dem es so ginge, dann hätten wir als christliche Gemeinde schon Ursache, hier innezuhalten. Aber ist es nicht in Wahrheit so, daß wir andern, die wir heute in Freude am Leben und innerer Leichtigkeit schwelgen, letztlich auch um solche Fragen nicht herumkommen. Entweder, wir feiern zu Ostern nur, daß wir »gut drauf« sind, dann feiern wir ja eigentlich nur einen glücklichen Zufall. Nein, schlimmer: Die Frage bleibt ja: Wo »drauf« eigentlich? Wer oder was ist da drunter? Ist das nur ein »Zwischenlager«, da unter uns, oder ein »Endlager«? Und wie sicher können wir sein, daß es da unten nicht zu unvorhergesehenen Verbindungen und Reaktionen kommt, die aus dem angeblichen Endlager plötzlich einer SuperGAU machen, einen neuen Urknall vielleicht gar oder wie wir diese unser Begreifen weit übersteigenden Vorgänge verniedlichend zu benennen uns angewöhnt haben?
Oder sind es gar andere Menschen, auf denen wir »gut drauf« sind? Mensche, die mit ihrem Hunger unsern Wohlstand bezahlen oder mit ihrem Krieg unsern Frieden? Zehrt unsere Zufriedenheit nur von ihrem Elend, unsere Sicherheit von ihrer Ohnmacht? Dann wäre selbst unsere Lebensfreude nichts wert; denn sie wäre ja nur eine Art Galgenhumor, während im Hintergrund schon die Pfähle eingegraben werden. Und wenn wir uns auch so primitive und aggressive Reaktionen verbieten würden wie »Ausländer raus« oder »Sollen die Neger doch erst mal die Pille schlucken!« - unsere Lebenslust wäre dann doch von unguten Gefühlen erheblich beschädigt. Oder - ja, oder wir weigern uns überhaupt, Menschen in Trauer, Angst und Not aus unserer Wahrnehmung auszublenden und schauen gemeinsam mit ihnen aus nach etwas, das Mut macht und Hoffnung gibt. Wir lassen unserm Gefühl der Unbeschwertheit sein befristetes Recht. Aber Ostern, das soll doch mehr sein als gute Laune oder schulterklopfende Vertröstung. Kann uns dabei die Erzählung des Matthäus, die wir als Evangelium gehört haben, eine Hilfe sein. »Und siehe, es geschah ein großes Erdbeben. Denn der Engel des Herrn kam vom Himmel herab, trat hinzu und wälzte den Stein weg und setzte sich darauf«. Wenn wir an den Äußerlichkeiten hängen bleiben, kommen wir mit dieser Geschichte sicher nicht zurecht. Erdbeben und blitzende Engel, Soldaten, die, statt zu schießen, in Ohnmacht fallen, und Frauen, die einer Himmelsstimme mehr trauen als ihren

eigenen Augen – viel Märchenhaftes kommt uns da entgegen. Etwas zu viel, wie manche Ausleger mit einem strengen Seitenblick auf die knappere und vorsichtigere Markusfassung feststellen, die Matthäus als Vorlage diente. Matthäus habe sich, so die kopfschüttelnde Erklärung der Fachleute, so sehr von dem Bedürfnis hinreißen lassen, alle Argumente der Zweifler, die ihm zu Ohren gekommen waren, mit seiner Erzählung gleich mit auszuräumen, daß er sich selber in neue Widersprüche verwickelt habe. Alles mit bester Absicht also und guten Gründen, aber Sie wissen ja: gutgemeint...
Wahrscheinlich haben diese Kritiker recht. Aber ich denke, sie bleiben doch zu sehr an der Oberfläche. Oberflächlich gesehen stimmt das: Das Märchenhafte trägt nicht mehr, wenn wir unter Druck geraten, unter den Druck der Angst, der Schmerzen oder der Sinnlosigkeit. Solange es uns gut geht, solange wir »gut drauf« sind, meistern wir auch die sieben Berge Schneewittchens ohne Schwierigkeiten. Für eine Verliebte sprechen auch Blumen Bände und dem Glücklichen hängt auch der dunkelste Himmel voller Geigen. Aber damit ist es schlagartig vorbei, wenn wir aus unseren Träumen gerissen werden. Ja, die Niedergeschlagenheit, die Angst, die Depression – sie leben geradezu davon, daß sie uns sagen: Jetzt siehst du erst die Wirklichkeit, wie sie ist.
Dennoch, ich bleibe dabei, das ist nur die Oberfläche. Wenn wir uns den Erfahrungen von Düsternis und Traurigkeit wirklich stellen, wenn wir, wie die Frauen, den Gräbern unserer Wünsche und Hoffnungen nicht davonlaufen und uns unter dem Kopfkissen unserer selbstgebastelten Gemütlichkeit verkriechen, dann können wir tatsächlich noch etwas anderes erleben: nämlich daß sich der Stein vor dem Grab wirklich bewegt, obwohl er für unsere Kräfte nach wie vor viel zu schwer ist. Und sogar, wie Matthäus über Markus hinausgehend hinzufügt: Daß die Wächter des Todes stumm und steif und ohnmächtig im Gebüsch liegen, obwohl es doch unsere eigenen Zweifel waren, die sie zuhilfe gerufen hatten. Oder kennen Sie diese Erfahrung wirklich nicht, daß der Stein, der uns den Weg ins Leben verstellte, plötzlich in Bewegung kam. Freilich nicht so, daß alles wie ein böser Traum vorbei ist, sondern es sitzt ein Engel auf dem Stein, der uns in eine neue Richtung weist – haben Sie das nicht auch schon erlebt?
Auf einmal erkennen wir, daß wir nicht von allen Seiten eingemauert sind, wie uns der Alptraum weismachte, sondern nur in dieser Richtung geht der Weg nicht weiter – vielleicht, weil nach der nächsten Kurve ein Abgrund lauert, aber auf einmal ist ein neuer Weg da, den wir vorher gar nicht gesehen hatten. »Ich weiß, daß ihr Jesus, den Gekreuzigten, sucht. Er ist nicht hier, er ist auferstanden«. Er muß ja nicht unbedingt ein weißes Nachthemd tragen, der Engel, und goldene Locken. Manchmal verkleiden sich nicht nur Menschen als Engel, manchmal ist es auch umgekehrt.
Gewiß, wir haben diese Wende nicht im Griff. Man kann nicht beides haben: die Erfahrung, daß der Stein für uns zu schwer ist, und die Verfügungsgewalt über den helfenden Engel. Entweder der Stein ist nur in unse-

rer Wehleidigkeit zum schweren Felsen angewachsen. Dann brauchen wir keinen Engel, sondern höchsten einen guten Freund, der uns mal gehörig den Kopf wäscht. Oder der Stein übersteigt wirklich unsere Kraft. Dann sollen wir uns auch nicht einbilden, den Zeitpunkt zu wissen, wann er weggewälzt werden muß. Der Engel in unserer Geschichte ist ja nicht die verspätete Vorhut jener »zwölf Legionen«, die eigentlich schon im Garten Gethsemane hätten rettend eingreifen sollen. Es gehört zur Mitte des Evangeliums, zur Mitte des Geheimnisses unseres Lebens, daß der Stein erst einmal vor das Grab gewälzt werden und dort liegen bleiben mußte. Unsere Sache ist es allenfalls, das Grab weder zum Tabu noch zum Heiligtum zu erklären, sondern es schlicht im Auge zu behalten, nüchtern, geduldig und mit einem wachen Blick für mögliche Bewegungen.

Von hier aus ist es dann nur noch ein Schritt zu dem, was Matthäus vor allem im Auge hatte, als er die Vorlage des Markus neu formulierte: Wer sich nämlich die Mühe macht, das ganze Evangelium des Matthäus im Hintergrund zu sehen, der entdeckt: Der zweimal in unserer Geschichte mit großem Nachdruck ausgesprochene Auftrag an die Jünger, nach Galiläa zu gehen – »dort werden sie mich sehen!« greift auf den Ausgangspunkt des Evangeliums zurück: »Zu der Zeit kam Jesus aus Galiläa ...« (Kap. 3,13), aber nun kommt er mit einem neuen Ziel. Der erste Aufbruch in Galiläa führt zu Berufung der Jünger und ihren Auftrag (Kap. 10,5f): »Geht nicht den Weg zu den Heiden ..., sondern geht hin zu den verlorenen Schafen aus dem Hause Israel!« Matthäus gibt also in dem zu seiner Zeit aktuellen Streit, der die Kirche damals fast zerrissen hat, den »Judenchristen« ihr begrenztes recht. Ja, sagt er, so hat es Jesus zuerst gesagt und gewollt. Aber später wurde er selbst von Gott eines Besseren belehrt durch jene arme kanaanäische (palästinensische) Frau, die um ihre kranke Tochter bat (Kap. 15,21 ff). Und im Kreuz von Golgatha, von Juden und heidnischen Römern gemeinsam veranlaßt, ist gleichsam Gottes bisheriges Konzept gestorben, die Menschen heimzusuchen in der besonderen Erwählungsgeschichte des Volkes Israel. Ostern heißt: Gott schlägt ein neues Kapitel der Heilsgeschichte auf. Der zweite Start in Galiläa wird den ersten überholen und erledigen: »Geht hin und machet zu Jüngern *alle* Völker: Taufet sie auf den Namen des Vaters und des Sohnes und des Heiligen Geistes und lehret sie halten alles, was ich euch befohlen habe. Und siehe, ich bin bei euch alle Tage bis an der Welt Ende.« (Kap. 28,19f).

Wenn wir die Wucht dieses Umschwungs heute nur noch mit Mühe nachempfinden können und sie uns jedenfalls für unser alltägliches Christsein nicht von allzugroßer Bedeutung zu sein scheint, dann hat das vor allem andern seinen Grund im Holocaust und seiner langen abendländischen Vorgeschichte. Wir sind im wahrsten Sinn des Wortes abgebrüht durch diese Ereignisse, auch wenn wir vielleicht, als die Krematorien in den KZs qualmten, noch gar nicht geboren waren. Ich kann das im Moment nur so feststellen, wir sind auf beiden Seiten, auf christlicher wie auf jüdischer, wohl erst noch ganz am Anfang in dem Bemühen, uns unserer gemeinsamen Wurzel

bewußt zu werden und die Weichenstellung angemessen zu formulieren, die in Jesus geschehen ist. Da helfen uns weder die Plattheiten derer, die sagen, wir glauben doch eigentlich alle an einen Gott - oder eben nicht - noch die dickleibigen Dogmengeschichten aus 2000 Jahren Kirche.
Aber soviel sollte schon klar sein: Es geht zu Ostern nicht darum, ob ein guter Mensch, den die meisten für tot hielten, noch ein bißchen weitergelebt hat, sondern es geht um eine Wende in der Frage, wie die Welt zu retten ist. Kein Wunder, daß die Erde bebt und selbst auf den kein Verlaß mehr ist, gegen den doch, wie die Erfahrung lehrt, kein Kraut gewachsen ist. Jesus war nicht nur nicht tot zu kriegen am Kreuz, sondern er lebt nun, wie er vorher nie gelebt hat, in der Kraft des Lebens Gottes.
Die Gefahr ist deshalb nicht, wie die Hüter der Tradition in Kirche und Gesellschaft - und das sind ja nicht nur die sturen andern, täuschen wir uns nicht, diese Hüter haben sich auch in jedem von uns ganz schön eingerichtet; mit Liberalisierung ist da gar nichts gewonnen, gar nichts! - Die Gefahr ist nicht, daß wir im Einschlagen neuer Wege zu weit, sondern daß wir nicht weit genug gehen. Die Gefahr ist - im Bild unserer Geschichte gesprochen - daß wir in Jerusalem bleiben. Es spricht so viel dafür: die Hauptstadt, der Tempel, das kulturelle Zentrum, die vielen Menschen, die weltpolitische Lage; und Bethlehem ist auch ganz in der Nähe mit dem vertrauten Stallgeruch und den Schafen. Aber der Auferstandene ist in Galiläa, im heidnischen Galiläa, im kargen Norden, von Jerusalem aus gesehen. Dort rechnet er mit uns, sichtbar und mit einem klaren Auftrag.
Wir werden also schwerlich nach einer Stabilisierung der Volkskirche Ausschau zu halten haben, aber wohl auch nicht in Richtung »geistliche Gemeindeerneuerung«. Wer Jerusalem verläßt, fragt vielleicht überhaupt nicht mehr: Was wird aus der Kirche?; sondern: was hilft den Menschen? Und da werden wir guttun, zwischen religiösen und weltlichen Bedürfnissen möglichst wenig zu unterscheiden. Ich denke nicht, daß dabei die Kirche überflüssig wird, selbst so schöne alte Liturgien wie die Osternacht, die wir heute früh gefeiert haben, nicht. Die Kirche und ihre Botschaft ist ja für viele Leiden unserer Zeit der Schlüssel, auch da, wo die Leidenden das selbst gar nicht wissen. Und in den globalen Problemen unserer Welt, der ökologischen Frage und der Spaltung in Reiche und Arme, wird das ja immer deutlicher, wie die humanistischen und politischen Lösungsstrategien in die Sackgasse führen - nein, um die Zukunft der christlichen Kirche mache ich mir keine Sorgen oder besser: ich versuche, mir darum immer weniger Sorgen zu machen und mich einladen zu lassen von dem Auferstandenen: »Geht hin und verkündigt es meinen Geschwistern, daß sie nach Galiläa gehen: dort werden sie mich sehen!«
Nein, die Dimension des neuen Weges ist nicht geringer als das Ereignis, das sie eröffnet hat. Das Kraut, dem kein Tod gewachsen ist, eignet sich nicht nur Garnierung unserer kalten Büfetts. Es hat die Kraft, die Steine des Todes zu sprengen. Wir sollten ihm nicht weniger zumuten. Amen.

»Meine Hoffnung, die ich begrub, ist auferstanden«

Text: Markus 16,1–8 *Klaus-Dieter Makarowski*

Liebe Krankenhaus-Gemeinde am Ostersonntag!

»Mir ist ein Stein
vom Herzen genommen:
meine Hoffnung,
die ich begrub
ist auferstanden.

Ich fragte,
wer wird mir
den Stein wegwälzen
von dem Grab
meiner Hoffnung
den Stein
von meinem Herzen
diesen schweren Stein?

Mir ist ein Stein
vom Herzen genommen:
meine Hoffnung
die ich begrub
ist auferstanden.«

Etwas abgekürzt – das Ostergedicht von Lothar Zenetti (Rechte beim Verfasser). Sie haben den Text auf Ihrem Tablett gefunden, liebe Patienten, haben ihn an Ihrem Bett.
Und er hat Ihnen gefallen? Und etwas hat Sie daran angerührt? Sehnsucht vielleicht, ein Aufseufzen vielleicht? Oder ein Aufatmen?
Aufatmen, das gerade in diesem Haus so wichtig ist angesichts der Erfahrung von Krankheit; wo so Vieles anders für Sie ist; wo Sie Vieles Gewohnte aus der Hand geben müssen; wo das Herz sich manchmal vor Sorge verkrampft, ob es denn wieder gehen wird, ob es gut wird.
Und wenn dann einer sagen kann, ein Patient, eine Patientin: »Mir ist ein Stein vom Herzen genommen!« Wenn er, wenn sie, aufatmen kann, nach aller Gefährdung, nach aller Sorge, dann meldet sich das Leben selber wieder, und wir freuen uns mit.
»Mir ist ein Stein vom Herzen gefallen.« Das ist Ostern. – Soweit aber sind die drei Frauen am Grabe noch nicht: Maria von Magdala, Maria, des Jacobus Mutter und Salome. Früh am Sonntagmorgen kommen sie, um den Leichnam Jesu zu salben. Und fragen bekümmert und fragen besorgt: »Wer wälzt uns den Stein von des Grabes Tür?«

- Frauen waren es, die am Kreuz Jesu standen, die bis zuletzt zu Jesus standen; die Männer waren geflohen.
- Frauen sind es, die am Ostermorgen wieder zur Stelle sind; die Männer gefangen in ihrer Angst.
- Offenbar sind es die Frauen, die sich besser aufs Leben verstehen, noch heute. Und wir, wir täten gut daran, auf sie zu hören in den Fragen des Lebens. Täten gut daran, auf sie zu hören in den Fragen des Überlebens. Das aber hat offensichtlich schon mit Ostern zu tun.

»Wer wälzt uns den Stein von des Grabes Tür?« so fragen die Frauen. Und als sie aufsehen, werden sie gewahr, daß der Stein weggewälzt ist.

Niedergeschlagen die Augen.

Niedergeschlagen der Sinn.

Mit dem Aufsehen setzt das Erkennen einer großen Veränderung ein. Vielleicht ist es auch in unserem Leben so, in gesunden Tagen und auch in Tagen der Krankheit.

Und was jetzt kommt, das läßt sich eigentlich gar nicht beschreiben. Das ist gestottert von den Frauen und von den Evangelisten; ist in Bildern nur unzulänglich angedeutet, weil es ein Geheimnis ist.

Historisch ist das so nicht passiert - im Grab. Die Ostererzählung ist kein Protokoll. Sie ist eine Glaubensaussage der ersten Christen, die überwältigt waren von der Erfahrung, daß nach Gottes Wille »der Tod kein Argument gegen das Leben ist«. Die werden überwältigt von der Erfahrung, daß auf geheimnisvolle Weise der Tod Jesu noch ermutigender für sie, die Lebenden, wird als es sein Leben und Wirken in Galiläa und Jerusalem je war (E. Lange).

Die werden von Entsetzen gepackt - zunächst. Das Glück und die Erleichterung, die kommen erst später. Der Stein der Erleichterung fällt erst später vom Herzen der Jüngerinnen und Jünger, als die Hoffnung, die sie begraben hatten, auferstanden war.

Gleichsam wie ein Traum ist es, als die Frauen in das Grab hineingehen. Ein Traum ist ja nicht die Realität. Aber er spricht Wahrheit in der Tiefe unsrer Seele. So, liebe Gemeinde, so können wir diese Ostergeschichte hören; können sie von ferne vergleichen mit unsren Träumen, wenn in ihnen die geballte Sehnsucht nach Leben erwacht:

»Du schläfst - um aufzuwachen.
Du stirbst - um zu leben.«
Weisheitsspruch an einer Pyramide.

Gleichsam wie im Traum ist es, als die Frauen in das Grab hineingehen, finden den Leichnam Jesu nicht, aber erblicken einen Jüngling in einem weißen Gewand. Im Schmerz sind die Frauen wie versteinert, im Schock wie erstarrt. Es ist der zweite Verlust des Toten. Es ist diese Kälte, die nach dem Herzen greift.

»Entsetzt euch nicht!« Anruf an der Schwelle des Todes, am Ort der Verlorenheit:

Jesus verloren - die Hoffnung verloren;
der Glaube - umsonst;
die Liebe - vergeblich.

Erfahrung, die auch uns bannen, die auch uns versteinern kann. Wir treiben auf den Tod zu und verlieren mit ihm alles. Er beherrscht unser Leben. Er beherrscht unsre Lebensweise.

Schockartig erleben die Frauen, daß es nicht so ist. Spüren: Es ist der Tod, an dem wir nicht vorbeikommen. Ahnen: Es ist Gott selber, auf den wir zugehen; der unseren Tod in Leben verwandelt; der unser Totsein in Leben verwandelt. Mehr wissen sie ja noch nicht. Bekommen den Auftrag, das den Jüngern zu sagen; und daß Jesus vor ihnen hergehen wird nach Galiläa; daß er ihnen voraus ist.

Sie fliehen von dem Grab, die Frauen, erschüttert. Maria erzählt es dann den trauernden Jüngern. Die glauben die Auferstehung Jesu nicht. So schwer, liebe Gemeinde, so schwer ist es mit der Auferstehung, daß man's nicht glauben kann. - Wer von uns das nicht glauben kann, der ist in guter Gesellschaft: Auch die Jünger konnten es nicht glauben. Da mußte der befreiende und belebende Geist Jesu sie ergreifen, damit sie neu das Leben begriffen. Aber alles geht durch eine tiefe Erschütterung hindurch.

Auch bei uns selber kann es so kommen. Auch in uns selber kann es so geschehen; daß wir erschüttert werden oder bewegt werden zu Neuem. Durch Tiefen hindurch. Durch Brüche. Durch Scheitern. Durch Loslassen. Durch Abschiede. Und Krankheit bleibt uns nicht erspart. Aber uns erwächst eine Sehnsucht, tief in uns, die uns anrührt, seelisch und körperlich, die uns bewegt zum Leben.

Zum Leben bewegt werden und einander zum Leben bewegen. Vielleicht darf ich sogar sagen: einander zum Leben erwecken und Leben lebendig machen? - Das hat für mich mit Ostern zu tun. Da haben wir teil an der Auferstehung.

Denn Auferstehung ereignet sich in uns und um uns, in Seele und Geschichte. Sie schafft Neues, hier und jetzt, heute und morgen (P. Tillich). Sie ist ein Glücksfall. Sie will uns beleben; uns, die wir oft seelenlos und blutlos sind; oft nicht mehr glauben könnend, daß unser Leben einen Sinn hat, der nicht erarbeitet, geleistet, verdient werden muß. Sie will uns den Stein vor der Tür des Herzens nehmen, damit unser Herz frei wird; damit unsere Herzkammern nicht Grabkammern unserer selbst sind.

Auferstehung - Auferweckung - Wir wachen auf. Wir werden wach. Wir wachen auf zum Leben. Wir werden wach für das Leben; erkennen es in seiner Einmaligkeit, in seiner Schönheit und Zerbrechlichkeit und seiner Gefährdung. Ich glaube, besonders Sie, liebe Patienten, wissen darum, sehen es mit anderen Augen an. Sie wissen: das Aufwachen aus der Narkose; das erste Aufstehen nach der Operation; dieses schmerzlich Schöne, dem Leben zurückgegeben zu sein; das Leben intensiv spüren - auch ange-

sichts von Grenzen; angesichts all der Angst; angesichts aller Belastung, Zweifel und möglicher Verzeiflung.
Leben – das ist etwas Erschütterbares.
Es ist in uns. Es ist um uns.
Und es ist uns voraus.
So wie Christus selber:
Er ist in uns. Er ist um uns.
Und er ist uns voraus.
Unsere Hoffnung trägt
seinen Namen.
Sein Name
trägt unsere Hoffnung
– österliche Hoffnung,
die leben-verwandelnd
jeden Tag neu
auf uns wartet:
»Mir ist ein Stein
vom Herzen genommen:
meine Hoffnung
die ich begrub
ist auferstanden
wie er gesagt hat
er lebt, er lebt
er geht mir voraus!«
Er geht uns voraus, liebe Gemeinde.
Er lebt uns voraus.

Eines Tages wird der Stein ins Rollen kommen

Texte: Markus 16,1–8 und Jesaja 26,13–18 *Wolfgang Gerlach*

Das war der früheste Augenblick, Öl zu kaufen, um den Leichnam einzubalsamieren: am Sabbatabend. Als der dritte Abendstern zu sehen war, da öffneten sich wieder die Buden und Basare. Ein munteres Treiben begann. – Was da am Vortag passiert war – wen ging's was an! Gerüchte gingen um vom tollen Tausch: Freispruch für einen Mörder, dafür ein Unschuldiger ans Kreuz genagelt. Irrwitz der Justiz, so recht nach dem Maß römischer

Zwangsherrschaft - nur weil da ein paar fromme Schreihälse den Kopf eines Wanderpredigers forderten. So ist das eben im Leben: Die Unschuldigen werden gehängt, die Schuldigen läßt man laufen.

Eine junge hübsche Frau aus dem Flecken Magdala geht in Trauer. Sie hat ihren Geliebten verloren. Noch *ein* Mal den Toten sehen. Ihn berühren, ihn streicheln mit der Zartheit von Fingerspitze und duftendem Öl. Nicht allein gehen. Die Mutter eines der Freunde des Toten geht mit. Ihr schließt sich Salome an, die Schwester der Mutter des Hingerichteten als Dritte im Bunde der Beherzten. - Salome. Welch ein Name!: Ist hier »Schalom« im Spiel? Kündigt sich mit ihr das Heil schon an?

Da stehen sie, die drei vor dem Grab. Wahrlich nicht in Osterstimmung. Die kommt erst später auf, wenn das Lachen selbst den Tod verlacht. Jetzt ist Zeit der tiefen Trauer. Weinen, daß die Särge sich bewegen, lautes Klagen, daß es den Männern peinlich wird. Sich dem Tode stellen - das ist Frauensache bis heute. Männer meiden Trauerorte - sie fehlen auch hier. Geflohen sind die Freunde nicht aus Angst, es könnte auch ihnen ans Leben gehen. Nein, sie sind geflohen vor ihren eigenen Tränen. Der Trauer ihren Platz im Leben geben - darauf verstehen sich Frauen besser. Wenn Frauen Leben gebären, haben sie mit dem Tod zu rechnen. Das werden Männer von den Müttern noch lernen müssen, daß Trauer und Tränen, Trösten und Getröstetwerden des Lebens österliche Seiten sind.

So gehen sie zum Grabe, lassen sich gehen in ihren schmerzlichen Gefühlen, halten sich fest an ihrer Totengabe, dem Öl in kostbarem Gefäß. Gespräche der Erinnerung brechen die Totenstille. Von Hoffnung keine Spur. Noch nicht. Es muß wohl erst mitgestorben werden, ehe Hoffnung aus den Gräbern wächst.

Sie kommen am Morgen. Wenn ein neuer Tag geboren wird. Es war, als sängen sie das Lied des Propheten Jesaja weiter: »Herr, wenn Trübsal da ist, so suchen wir dich ... Gleich wie eine Schwangere, wenn sie bald gebären soll, sich ängstigt und schreit in ihren Schmerzen, so geht's uns auch ... Wir sind auch schwanger, und uns ist bange, und wenn wir gebären, so ist's Wind«. - Der Wind trägt das Lied voraus zum Grab. Und wir wissen nicht, was dieses Morgenlied aus uns bis zum Abend machen wird.

»Wer wälzt uns den Stein vom Grab? So fragen sie besorgt, ehe sie am Ziel sind. Wer nimmt uns den Stein vom Herzen? Denn das Herz ist in der Trauer wie ein Grab. So fragen wir immer wieder, wenn Trauer uns bedrückt, wenn Enttäuschung uns entsetzt, wenn die Lösung einer Aufgabe noch verschlüsselt und versiegelt ist.

Wer wälzt uns den Stein vom Herzen? Wer hilft uns umgehen mit dem harten Stein der Unabänderlichkeit? - Sisyphos, wo bist du? Du hast doch Erfahrungen mit Steinerücken? Was? Du fängst immer wieder von vorne an? Ist es, weil du meinst, die schwersten Steine könntest nur du selbst wegräumen? Was sagst du? Du müßtest erst den Berg abtragen, damit der Stein von selber vorwärts rollt? Oder wär es leichter, den Stein der Trauer zu zertrümmern?

Und indem sie ankommen und *genau* hinsehen, werden sie gewahr, daß diese Frage - »Wer wälzt uns den Stein vom Grab?« - sich wie von selbst gelöst hat. Wie konnten wir bloß so denken?
Des Wandsbeker Boten Abendlied schafft sich Gehör:
Wir stolzen Menschenkinder sind eitel arme Sünder
und wissen gar nicht viel.
Wir spinnen Luftgespinste und suchen viele Künste
und kommen weiter von dem Ziel.
Ja, fast hätten wir uns vom Ziel abbringen lassen. Wie gut, daß diese Frage wirklich wie ein Stein aus dem Wege geräumt ist.
Und sie gingen hinab in die Gruft. Dafür bedarf es Mut, dem Tode zu Leibe zu rücken, statt sich ihn - wie heute so oft - vom Leibe zu *halten,* Tod soll heute möglichst nicht vorkommen. Haltet die Kinder fern von Leiden und Tod! Zeigt ihnen nur das blühende Leben. Das ist die Lebenslüge der Moderne. Konfirmanden-Eltern in Essen haben bittere Klage darüber geführt, daß ihr Pfarrer sich unterstand, ihren Kindern einen Gang über den Friedhof zuzumuten.
Die Frauen am Ostermorgen wußten, obgleich sie von Ostern noch nichts ahnten, daß man dem Tode eben nur am Grabe begegnen kann, wo es nach Leichnam riecht. Den Gestank des Todes, so dachten sie, werden mir mit dem Wohlgeruch des kostbaren Parfüms übertönen. Das Öl soll mir meinen Heiland noch ein wenig länger erhalten. Ach Gott, nimm ihn mir noch nicht, noch nicht jetzt. Es ist doch immer zu früh. Erst recht bei einem Dreißigjährigen! Aber laß mich wenigstens noch im Grabe mit ihm Zwiesprache halten. Denn es ist so schwer, sich von einem geliebten Menschen zu trennen.
Und dann sahen sie eine Gestalt, hatten eine Erscheinung, schwer zu beschreiben für die, die nicht mit im Grabe waren. Entsetzen überkam sie. Sie trauten ihren Augen nicht. Und den Augen kann man ja oft nicht trauen. Aber auf Ohren ist mehr Verlaß. Sie hörten eine Stimme - wie vom Himmel - eine Stimme, die beruhigte: »Entsetzt euch nicht. Ihr sucht Jesus von Nazareth, den Gekreuzigten? Er ist nicht hier«.
Wie gut, wenn jemand in der Trauer da ist, der weder vertröstet noch verharmlost, sondern neue Richtung weist. Ihr sucht den Toten? Er ist nicht hier. Also nicht dort, wo wir ihn vermuteten. Unser Besuch beim Tod - so war es wohl beschlossen - soll zu neuem Suchen nach dem Leben werden. Er wird vor uns hergehen, hat die Stimme gesagt. Und das sollen wir seinen Jüngern sagen? Die werden uns für verrückt halten, weggerückt vom gesunden Menschenverstand.
Da kommt uns Jesaja wieder in den Sinn, den die Ahnen seit Jahrhunderten beten und lesen: Hatte der Prophet soeben noch von Herrschern gesungen, die behaupten: »Tote werden nicht lebendig«, so setzt er dem entgegen sein eigenes Wort: »Aber deine Toten werden leben, deine Leichname werden auferstehen. Wachet und rühmet, die ihr liegt unter der Erde!« (26,19).

Zum Grabe *hingehen* sollten wir schon, - so ging's uns später auf. Denn nur von dort kommen solche Stimmen. Aber wir sollten nicht dort *bleiben*. Wir müssen hier weg, wenn wir weiter leben sollen.
»Und sie gingen hinaus und flohen von dem Grabe; denn es war sie Zittern und Entsetzen angekommen« (von »Ekstasis« ist die Rede). Und das Kapitel schließt mit dem Satz: »Und sie sagten niemand etwas; denn sie fürchteten sich«.
Mit diesem Ende hat die Gemeinde Jahrzehnte lang leben müssen, bis sie fähig wurde, sich von der Botschaft eines neuen Lebens trösten zu lassen. Denn wer hält denn solch ein Ende aus, dieses Ende mit Schrecken, diesen Schrecken ohne Ende?
Sollte sich damit auch für uns heute ein möglicher Zugang zum Ostergeschehen eröffnen? Daß wir den Karfreitag erst einmal aushalten und erkennen, was in dieser Welt überhaupt die Karfreitage bis heute möglich macht? Es scheint, als ob aus den abgeholzten Wäldern mehr Kreuze gefertigt werden als Wiegen, mehr Tod *er*zeugt wird als Leben *ge*zeugt.
Müssen nicht auch wir uns erst wieder entsetzen, ehe wir uns von himmlischen Engelsboten auf neue Wege bringen lassen? Die Tragödie von Karfreitag zu bedenken in dem Wissen, daß Ostern automatisch folgt, das schafft noch keinen Glauben. Trost kann wohl erst erwachsen aus dem Grab totaler Trostlosigkeit. Hoffnung gedeiht, wo Stationen der Verzweiflung durchlaufen sind:
Immer wieder werden wir auf die Trauerfrage zurückgeworfen: Wer wälzt uns den Stein vom Grab? Denn Steine rollen durch Verlust und Verzweiflung auf unsere Seele. Aber eines Tages wird der Stein ins Rollen kommen, wenn du nur erst tief genug ins Grab gestiegen bist. Denn oft wartet Gott auf uns in der Tiefe, ehe er uns fähig macht, der Botschaft vom neuen Leben zu trauen. Denn nicht Hoffnung soll begraben werden, sondern Trauer.
Wer wälzt uns den Stein vom Grab? So hatte es angefangen, als der Freund gestorben, als ein Traum in die Brüche gegangen, als das Leben zu Bruch gegangen war. Ostern beginnt, wenn der Stein ins Rollen kommt. Aber sei gewiß, die Botschaft wird ein Stein des Anstoßes bleiben. Das ist das Kreuz, mit dem wir leben müssen - auch und gerade dann, wenn wir glauben, daß der Auferstandene vor uns her zieht.

Licht und Schatten über dem Lebenshaus

Texte: Markus 16,13-27 und Lukas 24,28-35 *Ulrike Börsch*

Markus 16,13-27 lesen
Da bin ich nun mit zwei Jüngern auf dem Weg nach Emmaus, liebe Gemeinde.

Wenn sie richtig ausschreiten würden, könnten sie den Weg in zwei Stunden geschafft haben. Ich vermute allerdings, so schnell werden sie nicht ankommen. Denn ihr Problem ist nicht, möglichst schnell ihr Ziel zu erreichen. Ihr Problem ist, Jerusalem hinter sich zu lassen. Sie wollen weg von der Stadt, weg von den Ereignissen, die dort geschehen sind. Sie wollen weg von dem Kreuz, weg von dem Geschrei der Straße, das ihnen noch in den Ohren gellt, weg von ihrer Fassungslosigkeit und ihrem Entsetzen. Ihre Füße laufen nach Emmaus. Ihre Gedanken und ihre Gefühle aber sitzen fest in den Mauern der Heiligen Stadt. Immerhin reden sie miteinander. Sie sind nicht allein. Sie suchen den Abstand, die beiden Männer, wollen sich Distanz schaffen. Aus der Ferne die Dinge betrachten und so vielleicht begreifen, daß wahr ist, was ihnen nicht in den Kopf will. Sie reden. Immer wieder dasselbe. Immer wieder sagen sie sich gegenseitig die Ereignisse auf, als würden sie ihnen dadurch realer. Ihre Füße laufen. Sie haben den Weg nach Emmaus unter die Füße genommen.
Aber ihre Gedanken drehen sich im Kreis - sie kommen nicht voran -, drehen sich immer wieder um denselben Punkt -. Immer wieder endet jeder Gedanke, jeder Gesprächsgang bei diesem schrecklichen Tod, der alles zuwirft, was für sie in der Begegnung mit Jesus aufgebrochen war.
Ich vermute, liebe Gemeinde, sie kennen das, wie sich die Gedanken in einem festfahren können - wie sie einen fangen, wie sie binden und fesseln und blind machen können, daß man am Ende ganz starr ist. Ich jedenfalls kenne das! Allein, aus eigener Kraft kommt man da meist nicht heraus. Aus diesem Gefängnis kann uns nur jemand von außen befreien.
Ein dritter Mann gesellt sich zu den beiden Wanderern. Ein Fremder. Er hört ihnen zu, spürt die Betroffenheit in den Worten der Männer und fragt sie, was sie so bewegt. Ich denke, die beiden Jünger sind in diesem Augenblick fassungslos stehengeblieben. Ist das die Möglichkeit? Gibt es das? Da kommt ein Mensch aus Jerusalem und hat von den Ereignissen, die die ganze Stadt bewegt haben, nichts mitbekommen? Er scheint völlig unberührt davon zu sein! Und dann ergießt sich ein Redestrom über den Fremden. Sie erzählen von dem Gekreuzigten und von sich selbst, von ihrem Glauben, von der Hoffnung, die sie auf ihn gesetzt hatten und was er ihnen und so vielen anderen Menschen bedeutete, wie er ihnen Mut gegeben hat, auf Veränderung zu hoffen und daß das nun alles unter einem großen Trümmerhaufen in Jerusalem begraben liegt und daß sie es einfach nicht fassen können! Ich stelle mir vor, die drei Männer stehen immer noch an demselben Platz, an dem sie in ihrer Verblüffung über die Frage des Fremden stehengeblieben waren. Und jetzt verändert sich etwas. Mag sein, daß sie es zunächst gar nicht merken. Jetzt schlägt nämlich der Weg dieser drei Männer zwischen Jerusalem und Emmaus eine andere Richtung ein. Es wird ein Weg nach innen. Der Fremde beginnt zu reden. Er spricht zu ihnen und versucht, das Geschehene, das sie von außen beschrieben haben, von innen her zu deuten. Sie dringen ein in die Schrift, in ihre Glaubens- und

Hoffnungsgeschichte und in die Frage, wie das alles schließlich hineinpaßt, hineingehört in ihr ganz persönliches Lebenshaus - was die Geschehnisse in Jerusalem mit ihnen und ihrem Leben zu tun haben. Die zwei Stunden, die man normalerweise für den Weg braucht, sind längst vorüber. Die Drei sind oft lang stehengeblieben. Die beiden Jünger haben dem Fremden zugehört. Sie haben nicht viel dabei gesprochen. Nachdenkliches Schweigen erfüllt sie. Langsam sind sie miteinander weitergegangen - so, als wollten, als müßten sie warten, bis die Worte in ihrer Tiefe ankommen. Jetzt liegt das Jerusalem, das sie gefangen hielt, hinter ihnen. Jetzt kann der Auferstandene in ihrem Seelenhaus ankommen.

Lukas 24,28–35 lesen

Was sollen wir dazu noch groß sagen? Das Leben, das Gott uns schenken und für uns bewahren will, erkennen wir nur, wenn wir an diese inneren Bilder kommen, die unsere Seele bewahrt. Das gebrochene Brot kann da plötzlich für ein Leben, für eine Liebe stehen, die stärker ist als der Tod. Und kein Mensch, keine Macht der Welt wird das je wieder auslöschen. Wo es geschieht und solch ein Zeichen uns die innere Wahrheit zeigt, daß unser Leben ganz unzerstörbar in Gott ruht, da kann es geschehen, daß wir aufstehen, zur Auferstehung aufstehen mitten am Tage –
oder am Abend wie die Männer in Emmaus –,
daß wir zur Auferstehung aufstehen mit unserem lebendigen Haar, mit unserer atmenden Haut. Und daß nichts als das Gewohnte, das ganz Alltägliche um uns ist.
Und die Uhren hören nicht auf zu ticken. Die Welt steht nicht einfach still. Sie hat sich nicht plötzlich in ein Paradies verwandelt. Und die Probleme, unter denen wir leiden, lösen sich nicht einfach in Wohlgefallen auf. Es wird weitergekämpft - damals in Jerusalem und heute in ... *(aktualisieren),* und der kleinste, der bescheidenste Schritt in Richtung Frieden ist unglaublich schwer zu erreichen und bedarf größter Anstrengungen. Aber wir wissen, wo unser Platz ist, wo wir hingehören. So wie die beiden Männer an jenem Abend in dem Haus in Emmaus. Ja, sie müssen zurück! Sie gehören in die Stadt, sie gehören in die Welt, in diese Welt, so wie sie ist! Und wir auch. Obwohl da nach wie vor Menschen ihre Interessen gegeneinander mit Gewalt durchzusetzen versuchen im Kleinen wie im Großen. Und es wird dort bestochen und betrogen und verraten und verleugnet, und Mächtige haben nicht den Mut, der Wahrheit und der Gerechtigkeit zu dienen wie Pilatus, weil es unpopulär ist. Das gebrochene Brot als Zeichen sagt: Das Leben, in das Gott mich durch den Auferstandenen hineingerufen hat, ist stärker als diese ganze grausige Szenerie.
Es reicht weiter, geht tiefer. Und wenn ich mich dessen wieder vergewissere, dann kann *ich auch* an meinen Platz in der Welt gehen, in mein ganz persönliches Jerusalem

»dennoch leicht,
in der Tiefe unverwundbar,
auf unsichtbare Weise
gehalten
wie vorweggenommen
in ein Haus aus Licht.« ---
(nach M. L. Kaschnitz)

Wir sind noch nicht endgültig angekommen in dem Haus aus Licht, liebe Gemeinde. Bisweilen können die Schatten tief sein über unserem Lebenshaus und über unserer Welt. Und wenn sie uns auf die Seele fallen, ist es schwer, manchmal sehr schwer, sie auszuhalten und mit ihnen zu leben. Aber überall, wo das Brot gebrochen wird in Jesu Namen, da können das Leben und das Licht wieder aufleuchten, und wir können uns daran erinnern, wozu wir bestimmt sind und wohin unser Weg gehen soll:
ins Leben,
nicht in den Tod.

Daran können wir uns stärken und hingehen und den guten Kampf des Lebens kämpfen:
versuchen zu lieben,
wo man sich haßt,
verzeihen, wo man sich beleidigt,
für Versöhnung eintreten, wo man sich im Streit festgefahren hat,
die Wahrheit aussprechen, wo die Lüge sich breitgemacht hat,
an der Hoffnung festhalten, wo man aufgeben möchte,
und einen Funken Freude anzünden, wo nicht mehr gelacht wird.

Die Jünger haben das begriffen in dem Augenblick, als der Fremde das Brot brach:
Das ist ihr Leben!
Christus ist ihr Leben.
Sein Leben steht gegen den Tod.
Sogar gegen den auf Golgatha!

Durch die Finsternis der einfallenden Nacht finden sie schneller zurück in die Stadt als am Tag aus ihr heraus, weil ihnen der Weg klar ist, der vor ihnen liegt und weil ein Licht in ihrem Herzen brennt. Möge das Brot, das wir jetzt miteinander teilen, auch uns österliche Lebensgewißheit schenken für unseren Weg und unsere Füße und Herzen. Möge es uns den Platz finden lassen, wo wir hingehören.
Denn, er ist auferstanden!
Christus ist wahrhaftig
auferstanden!
Halleluja!

Es folgt das Abendmahl.

Steve, Konrad und Axel

Eine Geschichte zu Lukas 24,1–12 *Helmut Herberg*

Sie galten als unzertrennlich, der achtjährige Steve mit der roten Zipfelmütze und der vollbärtige dicke Konrad mit dem Filzhut. Komisch sahen die beiden aus, wenn sie wie fast jeden Nachmittag miteinander spazierengingen.
Auf dem linken Fuß humpelte der alte Konrad ein bißchen. Zwei Zehen waren ihm in Rußland abgefroren. Damals, in jenem schrecklichen Krieg, so erzählten die Leute im Dorf, damals habe der alte Konrad sich von Ratten ernährt.
Von alldem wußte Steve nicht viel. Er bekam Angst, wenn die Erwachsenen vom Krieg erzählten. Konrad sprach nie mit ihm über den Krieg. Meistens unternahmen sie lustige Sachen. So spazierten sie in den Sommerferien als Clowns verkleidet durch die Dorfstraße und machten Musik. Konrad auf der Geige und Steve auf einer Blechschüssel.
Ein andermal saßen beide pfeiferauchend auf der Friedhofsmauer. Steve war es zwar hinterher kotzübel, aber Spaß hatte es gemacht. Einige Leute im Dorf mauschelten, der alte Konrad habe von seinem Kopfschuß einen leichten Dachschaden behalten. Steve hatte die Narbe an Konrads Kopf oft angeschaut und jedesmal sagte der alte Konrad: »Gott sei Dank! Ein Streifschuß. Meinen Geist haben sie nicht verwundet.«
Im vorletzten Winter, es war genau am 31. Januar, hatte Konrad zu Steve gesagt: »Die meisten Leute hier sind so fürchterlich normal. Oder, wie würdest du sagen: stinklangweilig. Komm, wir machen uns einen Spaß.« Und dann zogen beide in Badehosen und Schwimmflossen durchs Dorf zum Bäcker Lenze und bestellten sich eine große Portion Eis. Steves Mutter hatte getobt, als sie das erfuhr. »Du hättest dich erkälten können!«
Ja, so war der alte Konrad. Er mochte die Kinder, und kein Spaß war ihm fremd.
Bis – bis man Steve in einem kleinen weißen Sarg zu Grabe trug. Das war im Frühling vor genau einem Jahr. Keiner im Dorf konnte glauben, daß Steve, ohne nach links geschaut zu haben, einfach über die Straße gelaufen war. Ein Auto hatte Steve überfahren, und er war auf der Stelle tot, so sagte man. Andere wollten noch gehört haben, daß Steve nach seiner Mutter und dem alten Konrad gerufen habe. Seit dem Tod von Steve hatte sich Konrad in sein Haus am Berg eingeschlossen. Auch in der Kirche, in die er sonntags ab und zu gegangen war, ließ sich Konrad nicht mehr sehen. Den Pfarrer hatte er wissen lassen: Er, Konrad Becker, habe den Glauben an den lieben Gott verloren. So hatte man sich im Dorf daran gewöhnt, daß der alte Konrad, wie die Leute sagten, immer kauziger und menschen-

scheuer wurde, bis eines Tages ausgerechnet Axel, der größte Schlingel im Dorf jenen Zettel im Rathaus fand mit der kaum leserlichen Unterschrift: Konrad Becker.
Axel war der älteste von fünf Geschwistern. Seinen Vater hatte er nie gesehen. In der Schule galt er als Versager und schrieb meistens eine Sechs im Diktat. Als Elfjähriger mußte er seiner Mutter feste mithelfen. So kam es, als er für seine Mutter eine Bescheinigung auf dem Rathaus abholen mußte, daß Axel am Kummerbrett den Zettel fand, der ihn, weil er so unleserlich geschrieben war, interessierte. Er riß den Zettel einfach ab und nahm ihn mit nach Hause. Sein Bruder half ihm beim Entziffern der krickeligen Schrift: »Suche jemand, der mir beim Einkaufen hilft und ab und zu mit mir spazieren geht. Konrad Becker, Bergstraße 12.«
Ja, und dann stand Axel zwei Tage später vor dem kleinen Haus in der Bergstraße 12 und klopfte an die Tür. Eine Klingel gab es nicht. Axel hatte sich extra gekämmt, die Nase geputzt und seine Schuhe im Gras vom gröbsten Schmutz gereinigt.
»Komm rein!« rief eine Stimme von drinnen, »die Tür ist offen.« Hatte der Alte auf ihn gewartet?
Seitdem verdient sich Axel beim alten Konrad sein Taschengeld, kauft für ihn ein und geht sonntags mit ihm spazieren. Und weil der alte Konrad wenig spricht, erzählt Axel ihm meistens Geschichten. Er erzählt von der Schule, von den Streichen seiner vier Geschwister, von den Sorgen seiner Mutter ...
Kurz nach Ostern wollte ihm jedoch nichts einfallen, darum erzählte Axel einfach die Geschichte aus dem Kindergottesdienst: »Die Kumpel von Jesus waren sehr enttäuscht von ihm. Und sie waren enttäuscht von Gott. Gott, sagt der eine, Kephas hieß er, ich glaub nicht mehr an dich, den lieben Gott. Du hast Jesus unter so viel Schmerzen am Kreuz sterben lassen. Wo bleibt da dein Mitleid?
Ich habe ja immer noch auf ein Wunder gehofft, sagte der andere Kumpel. Aber als sie ihn auf den Friedhof trugen und beerdigten, war für mit klar: Es gibt ihn nicht, den lieben Gott.«
Axel erzählte so anschaulich, daß sich der alte Konrad alles ganz genau vorstellen konnte.
Inzwischen waren beide an dem kleinen Bach angekommen. Sie setzten sich auf die Bank unter die große Birke. »Erzähl weiter!« brummte der alte Konrad. Und Axel erzählte, wie die Frauen am Ostermorgen vor dem leeren Grab standen, dann zu den Jüngern liefen und ihnen sagten: »Jesus lebt. Er ist auferstanden von den Toten.« Weißt du, was die Jünger den Frauen geantwortet haben? Konrad schüttelte den Kopf. Auf Weibergequatsche hören wir nicht, haben sie gesagt. Ja, und darum sind die beiden Kumpel von Jesus am Abend nach Hause gegangen. Sie wollten von Jesus, von Gott, von allem nichts mehr wissen. In ihre alte Arbeit wollten sie zurück. Arbeiten hilft zu vergessen, sagten sie sich.

Plötzlich kam ein Fremder des Wegs. Der wollte sie zuerst überholen, ging dann aber lange schweigend neben ihnen her und hörte aufmerksam zu. Dabei nickte er öfter mit dem Kopf und sagte: »Ganz klar, wer die Menschen so liebt, wie euer Freund Jesus, der wird mit den Mächtigen bald Ärger bekommen. Ist doch ganz klar! Sogar in den Heiligen Schriften steht das geschrieben«. Die beiden Kumpel guckten den Fremden mit großen Augen staunend an. Aber erst, als der Fremde das Brot austeilte und dabei betete, erkannten die Kumpel, daß es Jesus, ihr Freund, war.
»Unmöglich«, rief der alte Konrad. »Ein Toter wird nicht wieder lebendig. Glaub' ich nicht, deine Geschichte. Aber mach' dir nichts draus«, fügte er tröstend hinzu.
Axel war erschrocken über das, was der alte Mann gesagt hatte. Und Axel wunderte sich: So viel hatte Konrad noch nie mit ihm gesprochen. Verwirrt schaute Axel den Alten von der Seite an. Der alte Konrad aber erwiderte seinen Blick nicht. Er schaute auf den Bach, auf die Brücke und schwieg. Dann, nach langem Schweigen, löste sich Konrads Zunge: »Du, Steve, weißt du noch, wie wir beide im Bach Forellen gefangen haben und ich beinahe in den Bach gefallen wäre? Du hast dich halbtotgelacht. Dann haben wir ein Feuer gemacht und die Fische hier draußen miteinander gebraten und gegessen. Du, Steve, ich schmecke noch heute den frischen Fisch. Er war an einer Stelle ein bißchen angebrannt.«
Plötzlich stockte der alte Mann. Er faßte sich an den Kopf. Dann packte er Axel am Arm. »Hab ich gerade Steve zu dir gesagt? Ich glaube, ich bin ein bißchen verwirrt. Entschuldige bitte, aber mir ware gerade so, als säße Steve neben mir.«
Dann, nach einigem Zögern, sagte der alte Konrad: »Du, Axel, erzähl' mir bitte noch mal deine Geschichte von dem Jesus damals auf dem Weg.«
Axel schaute Korad mit großen Augen an. »Es ist nicht meine Geschichte. Ich habe sie in der Kirche gehört.«
»Bitte, erzähl sie mir noch einmal, bitte!« »Also gut, wenn du sie nochmal hören willst«, begann Axel. »Das war so …«.
Axel erzählte alles noch einmal. Der alte Konrad nickte. »Vielleicht«, sagte er leise, »vielleicht ist Steve auch mit uns gegangen die ganze Zeit. Nur – wir haben ihn nicht gesehen, wie die Kumpel damals bei Jesus.« Wieder versank der alte Konrad in langes Schweigen. »Axel«, sagte er dann mit fester Stimme. »Das mit den Fehlern im Diktat – wenn du willst, erkläre ich dir ein paar Regeln, wann man ein h und wann ein scharfes ß schreibt.«
»Das wäre toll«, rief Axel. »Wir könnten dabei ja spazierengehen. Und das mit den Fischen«, Axel stockte, »das mit den Fischen würde ich mit dir auch gerne einmal machen.« Der Alte nickte und Axel spürte, das war wie ein Versprechen.
Als der alte Konrad sich von Axel nach dem Spaziergang verabschiedete, sagte er leise: »Irgendwie gefällt mir deine Geschichte von Jesus. Ich glaube, sie ist doch wahr.«

Die Leute in der Kirche reckten ihre Hälse und wunderten sich, als der alte Konrad am Sonntagmorgen in die Kirche gehumpelt kam. Ja, er ging gebeugter. Aber in seinen Augen konnte man wieder das Funkeln erkennen. Auch die Lehrerin wunderte sich, daß Axel im letzten Diktat statt 45 Fehler nur noch 12 Fehler gemacht hatte.
»Warte«, sagte der alte Konrad, als Axel ihm das Diktatheft zeigte, »warte, das kriegen wir auch noch hin!«

Der wiedergefundene Jesus

Osterpredigt für Kinder aus einem österlichen Taufgottesdienst
Text: Lukas 24,13-35 *Heinz-Dieter Knigge*

Es ist schwer, einen Freund zu verlieren. Ein Freund ist jemand, auf den man sich verlassen, dem man vertrauen kann.
Die Jünger hatten ihren besten Freund verloren: Jesus. Soldaten hatten ihn gefangengenommen. Richter hatten ihn zum Tode verurteilt. Warum? Jesus hatte nichts Böses getan. Er war nur anders als die anderen Menschen. Und er redete anders von Gott als sie. Darum war er zum Tode verurteilt worden. Man hatte ihn ans Kreuz geschlagen. Es war dort gestorben. Daran haben wir vorgestern gedacht, am Karfreitag.
Es ist schlimm, einen Freund zu verlieren. Ich will Euch die Geschichte von zwei Jüngern erzählen, die sehr traurig waren, weil sie Jesus, ihren Freund verloren hatten. Sie gingen fort von dem Ort, an dem Jesus gekreuzigt war. Sie kehrten der großen Stadt Jerusalem den Rücken. Sie wollten sich in ein Dorf flüchten, das Emmaus hieß und wohl zwei Stunden Wegs von Jerusalem entfernt lag. Sie redeten miteinander über das Schlimme, was geschehen war: daß Jesus ans Kreuz genagelt und gestorben war. Plötzlich trafen sie einen Unbekannten, der mit ihnen ging. Er fragte sie, worüber sie miteinander redeten. Und sie erzählten ihm von ihrem Freund Jesus, den sie verloren hatten. Sie wunderten sich über den Fremden und fragten ihn: Wie kommt es, daß Du noch nichts davon weißt, was mit Jesus geschehen ist? Aber der Fremde sagte nur: Vielleicht habt Ihr Euren Freund gar nicht verloren. Vielleicht mußte er sterben, um immer bei Euch zu sein.
Merkwürdig, dachten die Jünger wahrscheinlich. Aber sie merkten, daß es der Fremde gut mit ihnen meinte, und sie gingen gemeinsam mit ihm in das Dorf Emmaus hinein. Da wollte der Fremde sich verabschieden und gehen.

Aber die Jünger baten ihn: Bleibe doch bei uns. Dann sind wir nicht so einsam. Die Sonne ist schon untergegangen, und gleich ist dunkle Nacht.
Der Fremde blieb bei den traurigen Jüngern. Er aß mit ihnen zusammen zu Abend. Und der Fremde nahm das Brot, sprach das Dankgebet und gab den Jüngern vom Brot zu essen. Die wunderten sich. Denn so hatte es Jesus immer gemacht, als er noch lebte und wenn sie miteinander aßen. Sollte der Fremde etwa Jesus sein? Hatte er deshalb vorhin gesagt: Vielleicht ist Euer Freund Jesus gestorben, um immer bei Euch zu sein?
Als die Jünger sich umsahen, war der Fremde plötzlich verschwunden. Aber die Jünger waren nicht mehr traurig, sondern fröhlich. Sie wußten, daß sie Jesus, ihren Freund, wiedergefunden hatten und daß er nun immer bei ihnen in ihrer Mitte sein würde, auch wenn sie ihn nicht sehen konnten.
Deshalb feiern wir Ostern: Weil Jesus als unser Freund unter uns ist, obwohl er getötet wurde und obwohl wir ihn nicht sehen können. Er redet zu uns wie ein Freund, und er macht uns Mut, wenn wir traurig sind.
Deshalb seid ihr getauft und deshalb taufen wir N.N. in diesem Gottesdienst: damit wir wissen, wir haben Jesus zum Freund und den Gott, von dem Jesus gesprochen hat und von dem er immer noch zu uns redet.
Ich wünsche uns allen, daß wir viele gute Freunde haben. Ich wünsche es unserem Täufling und allen Kindern, die mit ihren Taufkerzen hier sind und den Erwachsenen, die die kleineren Kerzen haben. Aber am meisten wünsche ich mir und uns allen, daß wir Jesus und seinen Gott immer wiederfinden, auch wenn wir meinen, ihn verloren zu haben: daß er uns plötzlich in der Gestalt eines Fremden oder auch eines bekannten Menschen begegnet, der bereit ist, bei uns zu bleiben, wenn wir Angst haben, wenn es Abend wird und dunkel um uns ist.

Ein neues Alphabet

Text: Lukas 24,13–35 *Sigrid Lunde*

»Diese drei Tage« – so überschrieb die Dichterin Marie Luise Kaschnitz eines ihrer schönen Auferstehungsgedichte. Und sie schrieb dann folgende Zeilen:

Diese drei Tage
Vom Tod bis zum Grabe
Wie frei werd ich sein
Hierhin und dorthin schweifen
Zu den alten Orten der Freude

Auch zu euch
Merkt auf
Wenn die Vorhänge wehen
Ohne Windstoß
Wenn der Verkehrslärm abstirbt
Mitten am Tage
Horcht

Mit einer Stimme
Die nicht meine ist
Nicht diese gewohnte
Buchstabiere ich euch
Ein neues Alphabet ...

(aus: Gesammelte Werke, Die Gedichte © Insel Verlag Frankfurt am Main, »Diese drei Tage«, S. 516)

Es berührt mich sehr, wie die 1974 verstorbene Dichterin sich in diesen Gedichtzeilen in eine eigene Auferstehungserfahrung hineingetastet hat, die aus unserer biblischen Emmaus-Geschichte geradezu herausgewachsen sein könnte. Wie frei erscheint in dieser Geschichte der auferstandene Christus! Hierhin und dorthin konnte er schweifen. Und plötzlich ging er neben seinen Jüngern her - mitten am Tage. Und mit einer Stimme, die nicht die seine war, buchstabierte er ihnen ein neues Alphabet.
Er buchstabierte es hinein in die Trauer seiner Jünger, in ihre enttäuschten Hoffnungen. »Wir hofften, er würde Israel erlösen ...« Erlösung für sich und ihr Volk hatten sie von Jesus erwartet, den sie ihren Meister nannten. Und nun war sein Leben auf der Schädelstätte Golgatha brutal erwürgt, erstickt und erschlagen worden. Die uralte Sehnsucht hatte sich an seinen Worten und Taten neu entzündet, daß eine bessere Welt möglich sein müßte, eine Welt ohne Leid und Geschrei, ohne die unerträgliche grausame Böswilligkeit und Gleichgültigkeit.
In den siebziger Jahren gab es zuletzt bei uns ähnliche Hoffnungen, Erwartungen. Zu einem neuen Miteinander sollte eine veränderte Erziehung und Gesellschaft uns fähig machen, zu einem neuen Lernen aus dem Grauen von zwei Weltkriegen. Mehr Gerechtigkeit schien herstellbar zu sein. In der Friedensbewegung, in den geschlossenen Menschenketten an den Straßen wurde immer wieder angestimmt: We shall overcome ... Und 1989, als die Mauer fiel, sahen wir uns für wenige Monate einem Völkerfrieden näher als je: »Es wird zusammenwachsen, was zusammengehört.«
Und dann ist wieder alles anders gekommen - wie damals vor fast 2000 Jahren auch. Die Hoffnungen auf Erlösung zerbrachen. Aber mit den Hoffnungen zerbrach auch damals nicht, was stärker ist, was nicht vergänglich ist wie diese Hoffnungen: das immer sich erneuernde göttliche Leben.
Vielleicht ist es so, daß irgendwann jeder von uns geradezu tödlich verletzt, gekränkt wird in dem, was ihm das Wichtigste ist, woran er sein Leben

gehängt hat. Und wir Menschen unterscheiden uns dann, so scheint mir, wie wir da herauskommen, ob und wie stark wir werden an der Bruchstelle. Wir unterscheiden uns, wieviel Kraft und Willen wir einsetzen, uns aus dem zerbrochenen Leben in neues Leben durchzukämpfen.
Von einem scheinbar Fremden lassen sich die Emmaus-Jünger in ihrem Kampf begleiten. Er läßt sie erzählen, was sich noch ordnen muß in ihrem vollen Kopf. Und er hilft ihnen dann mit seinen Fragen, sich vom Tod hinüber zu wenden zum Ewigen, die Augen des Glaubens aufzuschlagen, wo die eigenen versagen. »Mußte nicht Christus solches leiden, um zu seiner Herrlichkeit einzugehen?« ...
Die Rolle, die die Schriftauslegung in der Emmaus-Geschichte spielt, kann uns sehr nachdenklich machen. Das immer neue Buchstabieren der Mose- und Prophetenbücher übt jeder fromme Jude vom dritten Lebensjahr an. Und das Gespräch, mit dem die Heranwachsenden sich austauschen – wo sie zitieren und argumentieren – endet niemals. Es endet erst, wenn der Tod den Lernenden die heiligen Bücher aus den Händen und Köpfen nimmt.
Das unstillbare Verlangen nach Sinn angesichts viel quälender Sinnlosigkeit findet in der Schriftauslegung das nötige weite Feld. Denn es gibt nichts Schlimmeres, als leben zu müssen ohne Sinn. Das Sinnwidrige ist in der jüdisch-biblischen Tradition geradezu das Lebenswidrige (Manès Sperber). Die Fülle der biblischen Überlieferung bezeugt ein über die Jahrtausende hin nie abreißendes Verstehenwollen dessen, was Gott beabsichtigt mit diesem arm-seligen Erdenleben.
In dem biblischen Ozean von Sinnsuche und Sinnfindung – »er legte ihnen die ganze Schrift aus« heißt es im Bibeltext! – lernen die Emmaus-Jünger Frieden zu machen mit dem, was ihnen unerträglich schien. Sie lernen es auf einem langen Weg, und es wird Abend darüber. »Herr, bleibe bei uns, denn es will Abend werden« – in der gesprochenen Jüngerbitte teilt sich uns ein spürbares Stück Frieden mit.
»Bleibe«, sagen die Jünger, und der Fremde bleibt. In diesem Bleiben setzt sich die lange Geschichte der Geduld Gottes mit uns Menschen über alle Karfreitagserfahrung hin fort. Und bei dem gemeinsamen Abendessen kommt dann der Augenblick, wo den Jüngern nun ganz die Augen geöffnet werden, sie ihren Herrn erkennen über dem Brotbrechen. Eine kleine vertraute Geste ist entscheidend.
Die Geste steht genau an der Stelle, wo sich bis heute ein Erfahren-Wollen bei uns einstellt, nachdem uns Worte, Argumente zum »Glauben-Sollen« gedrängt haben. Unsere Sinne brauchen irgendwann etwas Sichtbares, um ins Unsichtbare vorzudringen. Im Gedicht von Marie Luise Kaschnitz klingt es für mich an, wo von den Vorhängen die Rede ist, die wehen ohne Windstoß, oder vom Verkehrslärm, der abstirbt mitten am Tage ... Unsere Sinne brauchen Sichtbares, um aufzumerken, aufzuhorchen. Sie brauchen etwas »Festes« gleichsam als Startbahn.

Dem Tischgeschehen, der Geste des Brotbrechens und Brotausteilens hat sich die Nähe des Auferstandenen damals in Emmaus verbunden. In langen Jahrhunderten ist daraus u. a. unser heutiges Abendmahl geworden. Miteinander essend, miteinander trinkend haben unzählige Christen-Generationen den auferstandenen Herrn in ihrer Mitte erfahren. Und in vielen Gemeinden, auch in unserer Johannes-Gemeinde, wird nun schon seit vielen Jahren der 1. Ostertag so gefeiert, daß wir auch zu einem gemeinsamen Osterfrühstück einladen. Zum wandernden Gottesvolk gehören die Tischerfahrungen, die so ganz anders sind als unsere weit verbreitete schnelle Kühlschrank-Selbstbedienung.
Wenn ich jetzt immer wieder in dieser Predigt über Erfahrungen geredet habe, dann sprach ich noch von etwas anderem als »Erlebnissen.« Wir können viel erleben, aber wenig oder gar nichts erfahren. Wenn die Emmaus-Jünger sich erinnern: »Brannte nicht unser Herz, da er mit uns redete auf dem Wege ...«, dann sprachen sie von einer Erfahrung. Bei aller Flüchtigkeit und Unschärfe haben Erfahrungen eine große Macht über uns. Sie können nachhaltig das Klima unseres Herzens verändern.
Ein solcher Klima-Wechsel führt dazu, daß es gegen Ende unserer Ostergeschichte von den Jüngern heißen kann: »Sie standen auf zu derselben Stunde.« Da ist keine Trauer mehr, keine Mattigkeit. Das Herz der Jünger hat sich erwärmt für ein schnelles Heimkehren nach Jerusalem. Sie sehen dort Aufgaben für sich, für die es sich neu zu leben lohnt.
Der letzten Wandlung, der Auferstehung am Ende gehen unsere vielen kleinen österlichen Wandlungen voraus. Mit ihnen tasten wir uns gleichsam hinein in unser wie auch immer zu denkendes Freiwerden, Umherschweifen, in unser neues Alphabet!
Lassen wir uns einladen, liebe Ostergemeinde, zu solchen Wandlungen!

Zweifel – Anfang des Glaubens

Text: Johannes 20,19–29 *Wolfhart Koeppen*

»Ein Clown sagt: Ich bin ein Zweifler.
Was man in der Schule lernt, ist richtig.
Soso, ist alles richtig, was man in der Schule lernt?
Ich zweifle dran. Ich bin ein Zweifler. Ich bin der Zweifel. Ich zweifle daran, daß euer Friedrich II. gleichzeitig ein Friedrich der Große war.
Was ist groß?
Ist groß, dreimal Krieg zu führen?

Ich meine, daß es klein ist, klein, kleiner, am kleinsten.
Denn das Nichtkriegführen ist größer als das Kriegführen.
Ein Bett zu zimmern ist mehr wert, als ein Bett kaputtzumachen.
Ein Zimmer zu bauen ist mehr wert, als ein Zimmer zu zerstören.
Eine Wohnung zu errichten ist mehr wert, als eine Wohnung zu vernichten.
Ein Haus zu vollenden ist mehr wert, als ein Haus zu vertilgen.
Eine Stadt zu planen und auf die Erde zu stellen ist mehr wert, als das Ende einer Stadt zu planen und die Stadt dem Erdboden gleichzumachen.
Und weil ich an eurem König zweifle,
zweifle ich auch an euerm Einmaleins,
und fordere euch sogar auf, mit mir zu zweifeln.
Zweifelt an allem.
Zweifelt besonders an euch selber.
Fragt.
Denn das Fragen ist eine Art und Weise, das Zweifeln auszudrücken.
Fragt, fragt. Stellt die W-Fragen.
Fragt und fragt und fragt: Wer ist das und das? Was ist das eine, und was ist das andere? Wem gehört dies, und wem gehört jenes? Wen treffe ich, wenn ich dahin und dorthin gehe? Warum ist der oder das so, wie es ist? Wie erreiche ich das, was unerreichbar zu sein scheint? Wo entdecke ich das Äußerste? Denn wenn ich das Äußerste nicht suche und finde, bin ich nichts wert.
(Wolfgang Weyrauch, Ein Clown sagt: © 1971 Beltz Verlag, Weinheim und Basel, Programm Beltz & Gelberg, Weinheim)

Ach so, Sie meinen: kein Text für eine Predigt? Ich hätte aus Versehen das falsche Manuskript erwischt? Soll doch die Kirche lieber Sicherheit verbreiten und Antworten bereithalten, statt auch noch zum Fragen oder gar Zweifeln aufzufordern! Haben wir davon nicht ohnehin mehr als genug?
Viele denken so. In der Tat: Antworten sind gefragt. Wo doch heute so vieles in Frage gestellt wird. Gewißheit wollen wir haben, wenn die Maßstäbe schwanken. Was wir brauchen, ist Glaube und Vertrauen. Nicht der Zweifel.
Da kann ich mich nur fragen: Wirklich? Ist das so einfach? Geht das überhaupt?
Damit Sie mir meine Frage abnehmen, sie zumindest nicht ganz unmöglich finden, lese ich Ihnen zur Erklärung meinen zweiten Text. Der steht nun wirklich im Neuen Testament, beim Evangelisten Johannes im 20. Kapitel. Also:
Text lesen
Mir fällt auf: Da will es einer ganz genau wissen. Eure Bekenntnisse in Ehren, aber ich muß meine eigenen Erfahrungen machen. Eure Worte, recht und schön, aber ich will sehen, und zwar mit meinen eigenen Augen. Daß Christus auferstanden und gegenwärtig ist, möchte ich gern glauben, aber ich möchte auch wissen, warum und wozu. Hätte Thomas, der Zweifler, bei uns eine Chance? Da bin ich nicht sicher.

Deshalb frage ich mich - Entschuldigung, aber die Frage muß sein: Haben Zweifler in der Kirche, in unserer Gemeinde, einen Platz - oder müssen sie sich erst mal anpassen, bevor sie in unserer Mitte gelitten sind? Darf man bei uns über Schwierigkeiten im Leben und im Glauben offen reden - oder empfiehlt es sich, die peinlichen Fragen lieber zu verschweigen oder, wenn das nicht geht, am Stammtisch zu verhandeln? Wie viele Leute gibt es in unserer Gemeinde, die so tun als ob, nur um dazuzugehören? Und wie viele haben der Gemeinde den Rücken gekehrt, weil ihre Fragen hier nicht vorkommen? Immer wieder höre ich solche Sätze wie: Das muß man halt glauben! oder: Der soll sich gefälligst anpassen, bevor er den Mund aufmacht! oder: Sieh dich erst mal in der Bibel um, dann sprechen wir uns wieder! Alles Sprüche, die Menschen ausschließen, auch wenn sie ohne Zweifel dafür sorgen, daß andere sich hinter verschlossenen Türen wohl fühlen.
Doch was kosten die Einheit, die Sicherheit, das, was wir - wie ich finde, zu rasch - den »Gemeindefrieden« nennen? Ich kann wieder nur fragen.
Lassen Sie mich vermuten: Vielleicht gehört Thomas, der Zwiespältige, deswegen ins Evangelium, weil er gleichsam den Platz frei hält - für all die Menschen, die nicht oder noch nicht oder nicht mehr glauben können; die mehr Fragen als Antworten haben; die über ein unsicheres »Ich weiß nicht so recht«, ein zögerndes »Vielleicht« nicht hinauskommen; bei denen es auch im Glauben beim bloßen Versuch bleibt.
Und noch etwas. Auch deswegen (meine ich) gehört Thomas ins Evangelium, weil er die Fragen stellt, die noch offen sind. Weil er die Ruhe derer stört, für die alles schon klar ist oder die sich - noch schlimmer - durch nichts aus der Fassung bringen lassen und die eigene und fremde Verletzungen hinnehmen, als müßten sie sein. Thomas, der Zwiespältige, legt seine Hand auf die offenen Wunden. Er tut nicht so als ob. Wie wenn alles in Ordnung wäre - in unseren Familien, in unserer Gemeinde, in unserer Stadt, in unserem Land. Thomas gibt sich nicht vorschnell zufrieden. Er will, was eigentlich unmöglich, ja verboten ist.
Deshalb möchte ich Ihnen heute Thomas als Vorbild des Glaubens empfehlen.
Natürlich, ich höre Sie schon sagen: Wie bitte? Ein Zweifler als Lehrmeister im Glauben? Heißt das nicht, den Bock zum Gärtner machen? Umgekehrt wird ein Schuh draus: Der Zweifler soll glauben lernen; das ist doch die Mission von uns Christen. Wozu wäre Christus sonst auferstanden?
Nun, wer den Zweifel wirklich kennt, wer weiß, wie bohrend Fragen sein können, die sich nicht wegwischen lassen, weil sie sich einfach aufdrängen, wird mir zustimmen: Zweifel ist kein Gedankenspiel. Ich rede nicht von der hochmütigen Skepsis derer, die an allem und jedem herummäkeln. Wer wirklich zweifelt, leidet zugleich an seinem Zweifel. An sich selbst. Vielleicht ist ja der Zweifel überhaupt eine Art und Weise, empfindlich zu bleiben für die vielen ungelösten Fragen des Lebens. Oder so etwas wie das Gespür für die Wunden, die das Leben schlug. Schöne Reden gibt es genug.

Leute, die längst Bescheid wissen und keinen Schmerz und keine Fragen an sich heranlassen, auch. Aber solange in Bosnien unschuldige Menschen ums Leben gebracht, solange bei uns Kinder mißbraucht und mißhandelt werden, ohne daß ein Hahn danach kräht; solange unsere bundesdeutsche Asylpraxis Verfolgungsopfer produziert; solange alleingelassene Kinder vor dem Fernseher Gewalt lernen und auch noch für normal halten ... – solange *muß* es doch Menschen geben, die aufdecken, wo's fehlt; die fragen, warum das so sein muß; die faulem Frieden mißtrauen; die Mißstände nicht vertuschen oder schönreden. Und je mehr ich darüber nachdenke, desto mehr drängt sich mir die Frage auf: Sollten nicht viel mehr Menschen das Fragen lernen? Das Zweifeln? Nicht als Gedankenspiel, beileibe nicht! Sondern als geheimes Bekenntnis zu dem Gott, der an Ostern sogar den Tod bloßgestellt und sich mit seiner Macht nicht abgefunden hat. War es doch Gottes Zweifel am Tod, der Jesus ins Leben rief.

Könnten wir also – ich sag's mal so – das Glauben wieder lernen, indem wir das Fragen nicht lassen? Jawohl, Fragen. Ich wüßte da einige. Etwa:

Warum gibt es in unserem Land die zweithöchste Selbstmordquote auf der Welt?

Müssen bei uns Arbeitsplätze dadurch erhalten werden, daß wir Waffen produzieren und exportieren, die anderswo auf der Welt nicht nur Arbeitsplätze, sondern Menschenleben vernichten?

Was tun wir ganz praktisch gegen die Gewalt auf Schulhöfen und in Kindergärten? Oder haben wir uns schon daran gewöhnt?

Was ist uns wichtiger: Wachstum oder Glück? Erfolg oder menschliche Beziehungen? Macht oder Liebe?

Haben wir, was wir brauchen?

Brauchen wir, was wir haben?

Sind wir glücklich?

Was fehlt uns? ...

Sie haben gemerkt, worauf ich hinauswill: Ich möchte Ihnen heute Mut machen, Fragen zu stellen. Nicht etwa, weil es modisch ist, alles in Frage zu stellen. Sondern so, daß es dem Leben dient. Ich möchte gern uns Christen als Leute sehen, die immer wieder den Mut aufbringen, jene unbequemen Fragen zu stellen, die andere unter den Teppich kehren. Und ich möchte unsere Kirche, vor allem unsere eigene Gemeinde als Ort erleben, wo man das lernen und üben kann. In der Tat: Was könnte sich bei uns ändern – in unserer Stadt, in unserem Land, auf dieser Welt –, wenn wir, von Jesu Liebe zum Leben inspiriert, den Mut hätten, unsere Finger auf die offenen Wunden zu legen! Das wäre doch – kaum zu glauben! – ein Zeichen jenes Glaubens, der von Ostern herkommt und der deshalb niemanden und nichts aufgibt. Und ein Bekenntnis zu dem Christus, der unsere Fragen kennt und uns trotzdem nicht fallen läßt. Niemals.

Ist es ein Zufall, daß ausgerechnet Thomas, der Zweifler, als erster Jünger zu dem Christusbekenntnis findet: »Mein Herr und mein Gott!«? Ausge-

rechnet er! Nicht die, für die alles schon klar ist. Das läßt mich hoffen. Und das macht Mut, heute getrost einmal ihn, den Zweifler, den Frager, ihn, den Zwiespältigen, als Vorbild des Glaubens gelten zu lassen. Vielleicht hilft er uns ja dabei, so ehrlich zu sein, wie es nötig ist, damit der Tod verliert und das Leben gewinnt.
Natürlich weiß auch ich: Seliggepriesen würden wir nicht, wir Christen, wenn wir das tun. Aber vielleicht wären wir dann eher Wegbereiter eines Lebens, das man unter den gegenwärtigen Umständen noch nicht sehen, sondern wirklich nur glauben und erhoffen und erbitten kann.
Sie zweifeln? Da kann ich nur fragen: Wie wäre es mit einem Versuch?

Du – unverlierbar!

Text: Römer 8,31–35 *Traugott Giesen*

Nimm das Leben an, nimm es auf dich, gib dich dran, halt dich ihm hin, leb', – du bist unverlierbar! Es kann uns nichts scheiden von der Liebe Gottes.
Jesu Leben, Tod und Auferstehung ist einzigartige vertrauensbildende Maßnahme: Da liegt das Gewebe der Wirklichkeit bloß: Du fällst nicht von Gottes Strickzeug. Mit dir bildet das Geheimnis der Welt ein Muster der Freude. Du magst dich, selbstbetrachtend, wegwerfend finden, du magst von anderen nicht der Rede wert geachtet werden, du magst sogar anderen schwer im Magen liegen ob deines Versagens, – entscheidend ist das alles nicht – sondern: Du – Gottes unverlierbarer Mensch, wie Jesus, dem Jesus nach.
Glaub' das, kau' das, massier' es dir in die Seele, und laß' es von dort wieder in die tatkräftigen Arme wachsen. Nichts kann uns scheiden von der Liebe Gottes. Aus diesem Glauben entspringe dir Lebensbereitschaft, die beglückt.
Jesus war doch der Traummensch Gottes, in dem er am dichtesten bei uns war, am intensivsten identisch war mit einer Kreatur. Und der Jesus hat das Leben angenommen, wie es gemeint ist. Er gab dem Leben, was es braucht, um zu gedeihen. Er schwang mit dem Urheber und Anstifter des Seins in einer kindlichen, einer sohn/tochter-haften Beziehung, in einem Verstehen. Klug und ohne Falsch nahm er vom Leben, was es ihm gönnte und gab dem Leben, was es verlangt, um zu blühen. Wir müssen uns Jesus als glücklichen Menschen vorstellen. Gott will nicht Besonderes von uns. Was er

will, schimmert schon in uns irdischen Eltern durch, auch wenn wir ziemlich arg sind, arg schwierig manchmal, aber wir wollen, daß die Kinder gern leben. Und was will Gott anderes, als daß seine Menschen gern leben und es anderen besorgen, daß sie gern leben: »Leben soll keine Straf' sein, die Nacht soll für den Schlaf sein.« (B. Brecht) Kein Nörgeln, kein Sticheln und kein Hadern mehr, keine Angst mehr, geschieden zu sein vom sinnvollen Leben.

Sondern koste aus und fördere,
liebe und laß dich lieben,
hilf und laß dir helfen,
freu dich, sei Freude.

Wohl wahr! Das Hier hat zwei Seiten: Beglückendes - und was uns den Mut bedroht. Hier ist viel, das uns von der Liebe Gottes abzuschneiden scheint: Trübsal, Angst, Verfolgung, Hunger, Blöße, Gefahr, Schwert. Paulus sieht sich als Überwinder dieser Gefahren durch die Verwandschaft mit Christus. Er sagt: In dem allem überwinden wir, müssen überstehen, aber werden nicht zuschanden. - Das Leben ist voller Widerstände, die wir überwinden müssen, wie Wasser sich den Weg zu Tal bahnen muß, so müssen auch wir uns einen Weg bahnen, Hindernisse überwinden, abtragen. Wenn es nicht anders geht, müssen wir sie umgehen. Wir müssen mit ihnen verhandeln, müssen Kraft lassen, um durchzukommen. Wir müssen Hochmut fahren lassen. Das Heldsein-Wollen müssen wir lassen, große Mutter, big Papa, Ansprüche fahren lassen, weiße Westen, tadellosen Ruf fahren lassen; wir müssen das Siegen-Wollen lassen.
Waren nicht deine vermeintlichen Siege die Verluste? Und deine Niederlagen - brachten sie dich nicht auch weiter? Sieh eine deiner Niederlagen an: Wunde bis heute, Trübsal, die dir immer noch Angst macht und doch: du hast damit zu leben gelernt - beschädigt, aber getragen von Mut. Paulus rollt die wichtigsten Kräfte des Lebens nochmal vor Augen: Engel, Mächte, Gewalten, Gegenwärtiges, Zukünftiges. Hier hat alles zwei Seiten, sogar die Engel. Sie bezaubern und bereiten Angst. Sie leuchten vor Schönheit, und man kann sich an ihnen verbrennen. Einer der Engel, die irdische Liebe: sie kann zum Himmel heben und zu Tode betrüben. Sie kann uns sogar Gott verdunkeln, wenn wir den Geliebten zum Heiland hochloben oder die Angebetete auch noch so nennen. Wie tief muß der Fall sein, den wir brauchen, um vernünftig zu werden: Wenn wir sie so hoch lobten, müssen wir uns ja wertlos finden, wenn sie uns verlassen.
Mächte, Gewalten: zwei Seiten, schützend und zerstörend, verantwortlich und gefährlich. Geld z. B.: Segen und Fluch, Rechtsprechung: Schutz und Anmaßung, ein Messer: zum Brotschneiden und zum Morden, unser Wis-

sen - zwei Seiten: wie man ein Haus baut und wie man eine Atombombe baut. Zwei Seiten, eine davon fördert Gedeihen, die andere davon treibt zu Beherrschung und Verzweiflung, saugt uns ab von der Liebe Gottes.
Hohes und Tiefes - zwei Schichten der Wirklichkeit, die uns von Gott wegtreiben können Hochzeit/Tiefzeit - beide gehören zum Leben. In Hochzeiten vitales Erfolgreich-sein. Es kann beglücken und verrücken, uns selbstgefällig machen, herrisch. Allein wie herablassend körperlich Fitte manchmal mit Menschen umgehen, die eine Behinderung meistern müssen, ist Beispiel für Bedrohung durch Hochgefühle. Und Tiefes, Niederlagen, Schwächen - sie können uns einsam machen. Verlassen von Menschen, kann uns auch Gott verloren scheinen. Gegenwärtiges und Zukünftiges sind auch gefährlich. Fülle kann uns so satt machen, daß wir den Mund und die Konten zu voll haben, um danke sagen zu können. Mangel kann uns ausdörren, Schuld uns und das Leben beschädigen. Leben und Tod - Wachstum zehrt die Kräfte auf. Lebensangst - Todesangst greifen uns. Leben und Tod, von Gott gegeben, können aus unserer Sicht uns Gott vergällen. Leben kann zur Qual werden, Tod zur Erlösung - nur endlich Ruhe haben, einfach nicht mehr da sein. Unser Gewissen kann uns von Gott scheiden - kann uns den Mut zum Leben (Paul Tillich) abhandeln - und doch: Engel, Mächte, Gewalten, Gegenwärtiges, Zukünftiges, Hohes, Tiefes, Leben und Tod ist Kreatur, ist Schöpfung, ist nicht Gott, sondern Geschöpf. Auch der Tod Geschöpf Gottes und nicht Herr. Darum kann er nicht scheiden von der Liebe Gottes. Das ist in Jesus Christus offenbar, und er hat diesen Tod durchgestanden, um zu erproben, ob der Glaube, ob das Gottvertrauen in den Tod hineinreicht, und ob wir Gott da treffen im Tod, oder ob alles vorbei ist.
Die Auferstehung Jesu ist das Gütesiegel auf's Leben: Was ist, auch wenn es vergeht, geht zu Gott. Was stirbt, bringt viel Frucht, weil Gott ernten will. Was unser oft kleinliches Lieben schuldig bleibt, füllt Gott auf. Was wir hier nicht lernen, werden wir anderswo lernen. Weil uns Gott liebt, hat er uns nie satt.
Das ist der wahre Grund für Auferstehungshoffnung. Nicht eine ewig haltbare Seele, geschweige denn, daß wir uns ein Nirwana erarbeiten könnten, läßt uns bei Gott bleiben, sondern Gott will uns, will dich. Und fährst du durch die Höll', Christus ist dein Gesell. Also nutz die Engel, die Mächte, die Gewalten, nutz sie als von Gott geliebter Mensch. Nutz das Leben und laß dich einsäen ins Gelingen - du unverlierbarer Mensch. -
Amen.

Was Paulus verschwiegen hat

Text: 1. Korinther 15,1-11 *Helga Trösken*

Liebe Gemeinde,
Paulus redet hier sehr persönlich. Er erinnert sich selber und die Gemeinde in Korinth an den Anfang und den Grund seines Glaubens. Wie bin ich dazu gekommen?, fragt er. Wovon lebe ich - heute und morgen? Und dies persönliche Bekenntnis untermauert er mit Beweisen, mit dem Hinweis auf die Zeugen, mit der Erinnerung an historische Tatsachen.
Und das ist nun ein Punkt, der mich ärgert.
Paulus verdreht die Geschichte, indem er schlicht Tatsachen unterschlägt. Er verschweigt nämlich die Frauen, die als erste am Ostermorgen das leere Grab und den Auferstandenen gesehen haben. Er verschweigt die ersten Zeuginnen der Auferstehung. Genauso wie er schon in der Anrede an die Gemeinde vergißt, daß zu ihr nicht nur Brüder, sondern auch Schwestern gehören, und zwar Schwestern in durchaus wichtigen Positionen, wie die Grüße am Schluß des 1. Korintherbriefes erkennen lassen.
Das alles ist kein Zufall, sondern Absicht - mit geradezu verheerenden Folgen für die Geschichte der Kirche in den ersten Jahrhunderten. Folgen, an denen wir auch heute noch tragen.
Ich möchte es heute, am Ostermorgen, nun nicht bei meinem Ärger belassen. Ich stelle mir vor, Paulus hätte den Korinthern die Abschrift eines Briefes beigelegt, den er an diese Zeuginnen der Auferstehung geschrieben hat, einen Brief an die ersten Apostelinnen. Und dieser Brief könnte so gelautet haben:
»Liebe Schwestern, ich erinnere Euch an das Evangelium, das Ihr mir gebracht habt, das ich von Euch empfangen habe und an dem Ihr auch festhalten wollt. Ihr habt ja schon vor mir und dann auch für mich wichtige Dienste in der Verkündigung des Evangeliums getan. Ihr habt weitergegeben, was Ihr in Euren Herzen und Sinnen von Jesus bewahrt, was Ihr mit ihm erfahren habt. Ihr habt ausgehalten unter seinem Kreuz, als alle anderen weggelaufen waren. Ihr ward auch so mutig, sein Grab zu besuchen. Dabei habt Ihr das Risiko auf Euch genommen, selber verhaftet zu werden. Ihr seid hingegangen, ganz früh am Morgen, um ihm die letzte Ehre zu erweisen, den letzten Liebesdienst zu tun.
Und dann habt Ihr das leere Grab gesehen.
Ja, ich gebe zu, wir haben Euch nicht geglaubt. Uns schienen es Hirngespinste, was Ihr berichtet habt. Weibergeschwätz. Erscheinungen, Halluzinationen, wie sie vorkommen können, wenn die Nerven überreizt sind. Ihr habt Euch nicht irritieren lassen: Wir haben ihn gesehen. Wir haben ihn gehört. Er ließ sich nicht anfassen, aber er war es, Er, Jesus. Wir haben Ihn gesehen, habt Ihr immer wieder gesagt, bis dann auch die Männer, Petrus und einige

andere, ihn gesehen haben, wie Ihr es beschrieben habt, zuletzt auch ich. Gesehen, gehört, aber anfassen konnten wir ihn nicht. Beweise haben wir nicht, daß er lebt. Aber wir wissen es. Wir glauben, daß er dem Tod die Macht genommen hat - Er, kein Gespenst, kein Hirngespinst.

Ihr, liebe Schwestern, habt es auf Eure Weise weitergesagt. Ich gebe zu, manchen von uns Männern war das nicht theologisch und philosophisch genug. Ihr habt es da auch schwer. Denn wenn eine sich mal in unser theologisches Gespräch eingemischt hat, dann waren wir auch nicht zufrieden, dann waren wir empfindlich. Nicht alle, aber Petrus z. B. Ihr wißt ja, mit ihm hatte ich auch Streit. Ihm war es nicht recht, daß Martha, die Schwester von Lazarus und Maria, so klar Jesus von Nazareth als Christus bekannt hat und das auch theologisch begründen konnte. Ganz zu schweigen von dieser Ausländerin, der Samaritanerin, die ihn am Brunnen getroffen hatte. Die hat später auch mit erstaunlichem Selbstbewußtsein für den Glauben an ihn geworben.

Ihr, liebe Schwestern, habt erzählt, was er Euch bedeutet hat, als er unter uns lebte. Ihr habt seine Liebe, Ihr habt die Liebe Gottes ganz praktisch erlebt und davon erzählt. So habt Ihr die Auferstehung erlebt.

Du, Maria, seine Mutter, Du hast schon sehr früh angefangen, seine Worte in Deinem Herzen zu bewahren. Du hast ihn verstanden, als er eines Tages kurz vor seinem Tod so merkwürdig von Eurer Familie sprach - so als gäbe es Euch nicht mehr, sondern nur noch die Gemeinde als Familie. Und so ist es ja nun auch gekommen.

Oder Du, Maria aus Magdala, Du hast ihn geliebt. Er hat Dich geliebt. Die dunklen Gedanken und Fantasien hat er Dir genommen. Du konntest befreit leben. Und am leeren Grab, da hast Du seine Liebe neu gehört, hast Mut und Zuversicht bekommen und fröhlichen Trost für uns alle.

Und Du, Salome, Du hast dafür gesorgt, daß er Geld bekam und das Nötige zum Essen. Ohne Deine materielle Großzügigkeit wären seine Wanderungen und Predigten kaum denkbar gewesen. Du hattest auch die nötigen Salben für die Einbalsamierung gekauft, die Du ja nicht brauchtest.

Und Ihr - Priska und Lydia und Junia und Phöbe - Ihr seid ihm später begegnet wie ich auch. Und Ihr habt das Evangelium angenommen und die Gemeinden dann bei Euch aufgenommen. Ihr seid überzeugt wie ich auch: Er ist auferstanden. Da ich - wie Ihr wißt - manchmal auch mit Philosophen diskutieren muß, neulich erst in Athen, und manchmal auch noch von meinen früheren Kollegen Pharisäern zum Disput aufgefordert werde, muß ich mich ein bißchen gebildeter ausdrücken. Aber wir sind uns ja einig: wir bewahren, was Er uns hinterlassen hat. Was wir empfangen haben, das geben wir weiter. Wir verkündigen das Evangelium auf alle nur mögliche Weise. Wir sind alle durch Ihn zur Freiheit berufen. Wir sind alle durch Gottes Gnade zum aufrechten Gang befähigt.

Liebe Schwestern, entschuldigt, daß ich mich wiederhole. Ich merke, ich kann gar nicht groß argumentieren. Ich habe Ihn gesehen. Ihr habt Ihn

gesehen. Er ist auferstanden. Er lebt. Ich bin gewiß, daß weder Tod noch Leben, weder Hohes noch Tiefes, weder Gegenwärtiges noch Zukünftiges mich scheiden kann von der Liebe Gottes. In dieser Liebe verbunden grüßt Euch Euer Bruder Paulus.«
Ja, liebe Gemeinde, eigentlich schade, daß uns kein Brief von Paulus an die Schwestern erhalten ist. Die Geschichte, die Gestalt der Kirche sähe anders aus.
Osterglaube ist ein persönlicher Glauben, kein Glauben aus zweiter Hand. Er entzieht sich der Beweisbarkeit. Wir feiern das Fest der Auferstehung, das Fest der barmherzigen Liebe Gottes, das Fest der Hoffnung und der Freiheit. Wir glauben und laden zum Glauben ein. Wir wissen und wissen nicht, beides zugleich. Das Risiko und die Freude des Osterfestes.

Ostern gehört nicht auf die Kanzel

Text: 1. Korinther 15,20 *Dieter Schupp*

Ostern gehört nicht auf die Kanzel.
Das denkt und sagt sich so leicht und ist dennoch so schwer zu ändern. Und so trampeln wir weiterhin auf Ostern herum und bleiben darauf sitzen.
Für bloße Behauptungen interessieren sich nur diejenigen, die sich damit begnügen, die bekannten Behauptungen wiederzuhören. Gegenüber den Ergebnissen einer historischen Forschung bleibt man im allgemeinen gleichgültig. Nach theologischen Spitzfindigkeiten steht keinem der Sinn.
Parolen wie »Jesus lebt« sind nur Parolen. Und durch jahrelange Wiederholungen werden keine Bekenntnisse wahr, wahrer, am wahrsten.
Ostern gehört nicht auf die Kanzel.
Aber wohin damit?
Überallhin.
Bernd ist seit sieben Wochen als Zivildienstleistender beschäftigt in einem Altersheim. Jeden Tag liest er einer sterbenskranken Frau ein paar Seiten aus Thomas Manns »Zauberberg« vor.
N.R. ist zweiunddreißig, und seit seiner Entlassung aus einer Psychiatrischen Klinik ohne Arbeit. Jetzt verkauft er dreimal in der Woche Kaffee, Hängematten oder Jute-Taschen in einem 3. Welt-Laden.
Frau E. weigert sich, ihren pflegebedürftigen Onkel in einem Seniorenheim anzumelden. Die Pflege erfordert ein »RundumdieUhr-Dasein«. Auf dem Nachttisch neben dem Krankenbett stehen immer frische Blumen.

Harry sammelt Absagen auf seine Bewerbungen. Er hat es aufgegeben, an sich zu glauben. Jetzt aber hat seine Frau die Sache für ihn in die Hand genommen. Sie schreibt seine Bewerbungen, telefoniert herum, fragt jeden, ob er keine Stelle für Harry wüßte.
Daniel tut sich schwer in der neuen Klasse, vermutlich, weil er nicht so ist wie alle anderen. Seit voriger Woche hat er mit Gert und mit Johannes zwei Verbündete bekommen.
Die kleine Lisa ist behindert, sie kann keine Schule besuchen. Doch Tag für Tag versucht Lisas Mutter, ihr das Lesen beizubringen. Oder sie lernt mit ihr Lieder und Gedichte.
Frau K. ist auf der Sparkasse gut bekannt, weil sie ständig Überweisungen bringt mit Spenden für Menschen in Armut, Elend und in Not. Es ist ihr bewußt, daß sie damit die Not der Welt nicht beseitigen kann, – »aber ich kann nicht anders«, sagt sie.
Was haben diese Menschen gemeinsam? Wenig vermutlich, wahrscheinlich sogar nichts. Bis auf eine Ausnahme: Sie wissen, daß sie mit dem, was sie tun – für andere – nichts am Bestehenden ändern können.
Aber keinerlei Resignation folgt daraus, – für sie alle nicht. Sie lesen weiter vor, verkaufen Kaffee, stellen Blumen auf den Nachttisch, schreiben Bewerbungen, legen einen Arm um einen anderen, singen Lieder vor oder stellen Überweisungen aus. Mal nun angenommen: Sie alle miteinander kämen am Ostersonntag in die Kirche? Was bekämen sie da zu hören?
Vermutlich gängige Wiederholungen, theologische Ergüsse, Zitate von Dichtern und Philosophen. Wohlgeprüfte Richtigkeiten, behauptete Wahrheiten, uneinklagbare Feststellungen.
Belanglos in aller Regel für ihr eigenes Leben und für das Leben derer, die ihnen nahe gehen. Kaum sind sie wieder zurück, können sie die gehörten Parolen, Formeln und Dogmen vergessen. Und sie werden inne: An meinem ganz gewöhnlichen Leben sind weder die Epistel von damals noch die Predigten von heute interessiert. Ostern, mögen sie vielleicht denken, ist halt doch bloß was für die Kanzel, umrahmt von Orgeln und Chören.
Ein Fest mit einem Datum, beschränkt auf einen, höchstens zwei Tage.
Ostern aber gehört nicht auf die Kanzel.
Aber wohin damit?
Das habe ich schon gesagt: In ein Altenheim, in einen 3. Welt-Laden, in ein Krankenzimmer, in eine Wohnküche, in ein Klassenzimmer, in einen Rollstuhl, in einen Schalterraum ...
Mit welcher Begründung?
Diesen gelebten Glauben an den Wert eines Lebens und an die Güte, das tapfere Bemühen, nur gut sein zu wollen und der trotzige Sinn, keinen Menschen aufzugeben, – obwohl Schrecken und Niederlagen, Rückschläge und Tiefschläge dagegenstehen –, das alles versteht man eigentlich nur von dem Geschehen und von dem Gedanken der Auferstehung her.

Würde jede und jeder und überhaupt das menschliche Leben nichts weiter sein als eine Staubflocke oder ein Sandkorn, preisgegeben dem Vernichten, Verschwinden und Vergehen, so wäre tatsächlich nicht einzusehen, was an einem Tun der Güte und der Liebe sinnvoll wäre.
Tod und Vernichtung behielten das letzte Wort. Und etwa das Vorlesen, die frischen Blumen oder das Lesenlernen wären nur ein bißchen Zuwendung gewesen, Beschäftigung oder ein schwacher Trost, – und mehr nicht.
So wird jede Seite, jede Rose, jede Umarmung, jeder Brief, jede freundliche Geste, jeder gute Gedanke und jedes gesungene Lied zu einem den Tod überlebenden Tun.
Die Not der Welt ist mit all dem nicht zu beseitigen. Und dennoch: einfach zu tun, was uns als gut erscheint, ist etwas Zentrales, was zum Evangelium von der Auferstehung gehört. Dabei ist nichts eine Frage nach dem Zweck und dem Nutzen, auch nicht nach einer endgültigen Lösung. Alles ist ein Vertrauen darauf, daß Liebe und Zuneigung, Mitleid, Einfühlungsvermögen und Güte jedes Aus und jedes Ende überleben, und stärker sind als der Tod.
Das, was wir davon in das Leben derer eingebracht haben, die mit uns leben, wird eingehen in das Leben derer, die nach uns kommen. Es ist das, was bleibt und zu neuem Leben kommt, dann wenn es uns eines Tages schon längst nicht mehr gibt.
Das walte Gott Vater, der Auferstandene und zum Leben Gekommene und sein Geist, mit dessen Hilfe wir den Weg finden zur Auferstehung und zu einem Leben, so wie er es von allen Anfang an uns zugedacht hat.

Der schweigsame Joas beginnt zu reden

Eine Ostergeschichte *Ingrid Adam*

Später sagten die Jünger: »Der Herr ist auferstanden. Er ist nicht im Grab geblieben, er hat den Tod besiegt.« Später sagten sie das, viel später, als sie selbst aus der Verzweiflung über seinen Tod hinaus waren. Anders konnten sie nicht beschreiben, was ihnen geschehen war. –
Die letzten Tage vor Jesu Tod und die ersten Tage danach waren schrecklich gewesen. Die Jünger hatten Jesus von seinem Gang nach Jerusalem abbringen wollen – zu gefährlich war es ihnen erschienen, sich zum Passahfest in die Hauptstadt zu begeben. Doch er, der trotz seiner sonstigen Sanftmut bisweilen einen eigentümlichen Starrsinn entwickeln konnte, hatte sich

nicht raten lassen. »Es ist, als suche er dort die Konfrontation und vielleicht sogar den Tod«, hatte Joas damals gedacht, Joas, von dem in dieser Geschichte noch öfter die Rede sein wird. Doch auch Joas hatte sich dann mitreißen lassen von der freudig-erregten Stimmung bei jenem triumphalen Einzug, den das Volk von Jerusalem für Jesus bereitet hatte. »Also war es doch richtig, nach Jerusalem zu gehen«, hatte Joas dann gedacht, dies aber auch gleichzeitig in Zweifel gezogen.

Die beklommene Stimmung bei ihrem letzten gemeinsamen Essen hatte ihm recht gegeben. Verrat und Tod hatten in der Luft gelegen, und obwohl keiner es aussprach, wußten es alle: So würden sie nie wieder zusammen sein. »Eßt und trinkt miteinander zu meinem Gedächtnis«, hatte Jesus zu ihnen gesagt, und da war es klar, daß auch er es wußte.

War Joas schon an diesem Abend wie betäubt gewesen, so war er an den nächsten Tagen, bei der Gefangennahme, der Verhandlung und der Hinrichtung Jesu, halb besinnungslos vor dumpfem Schmerz. Apathisch, wie in einem Alptraum verfangen, hatte er das alles aus der Ferne mitbekommen, mit nur *einem* Gedanken in seinem Kopf, der sich wie ein Mühlrad drehte, immerzu im Kreis: »Nun ist alles aus, mein Leben ist zu Ende.« Dies war ihm schon einmal begegnet, dieselbe Apathie, derselbe dumpfe Schmerz, derselbe Gedanke, sich unablässig in seinem Kopf drehend: »Nun ist alles aus, mein Leben ist zu Ende.« Vor drei Jahren war das gewesen, als seine Frau und sein Kind an *einem* Tag gestorben waren und er ihnen, obwohl er ein guter Wundarzt war, nicht hatte helfen können. Tagelang hatte er sich damals in seinem Haus vor allen Menschen verborgen, ohne etwas zu essen und zu trinken, und hatte nur noch sterben wollen, seiner Frau und seinem Kind in den Tod nachfolgen. So war es auch diesmal. Er verbarg sich vor den Menschen, auch vor den anderen Jüngern, wollte niemanden sehen und brütete nur dumpf vor sich hin mit dem einzigen Wunsch im Herzen, Jesus bald nachzusterben. Joas war schon immer ein schwerblütiger Mann gewesen, und *so* war nun auch seine Trauer. Er weinte nicht, er klagte nicht, er sprach nicht darüber, er fraß sie in sich hinein, und nun saß sie schwarz in ihm und fraß sich fest. Damals, vor drei Jahren, hatte dieser Jesus ihn ins Leben zurückgeholt. Sonderbar war das zugegangen damals: Joas hatte eine Stimme vor seinem Haus gehört, in dem er allein und sterbenselened lag, und einige Worte aufgeschnappt. Und diese Stimme war ihm, obwohl er doch nichts mehr hören und sehen wollte, mitten in sein erstarrtes Herz gedrungen. »Kommt her zu mir alle, die ihr mühselig und beladen seid«, hatte er gehört, »ich will euch erquicken.« Wie in Trance war er damals aufgestanden und hinausgegangen, zum ersten Mal wieder in die Sonne nach vielen Tagen, und er war, ohne nachzudenken, dieser Stimme und diesem Mann gefolgt. Es gab nichts, was er zurückgelassen hätte.

Jesus hatte ihn angesehen, als wisse er über seinen Zustand Bescheid, hatte ihn aber nicht angesprochen. Auch die anderen Männer in Jesu Begleitung hatten ihn in Ruhe gelassen und abends, als sie rasteten, schweigend und als ob er zu ihnen gehöre, ihr Brot und ein paar Fische mit ihm geteilt, die sie unterwegs gefangen hatten. Da hatte er zum erstenmal seit vielen Tagen wieder etwas zu sich genommen. Er hatte bemerkt, daß Jesus ihn dabei beobachtete, und unter diesem Blick war die Eiseskälte in seinem Herzen geschmolzen. Ihm war unter diesem Blick eingefallen, daß er heute mittag, während der gemeinsamen Wanderung aus seinem Dorf in das nächste, Jesus hatte sagen hören: »Ich bin das Brot des Lebens.«

Und das Leben, das war ihm damals wirklich wiedergeschenkt worden. Und es hatte in der Gemeinschaft mit Jesus und den anderen Jüngern auch wieder einen Sinn bekommen: Joas, der Wundarzt, konnte bei der Versorgung der Kranken helfen, die unterwegs ständig zu Jesus gebracht wurden.

Und nun war das alles aus. »Es war ein kurzes Leben, das Jesus mir geschenkt hat«, dachte Joas bitter, »warum bin ich damals nicht doch gestorben? Dann hätte ich diesen Schicksalsschlag nicht mehr zu erleben brauchen. Zweimal nacheinander kann ein Mensch so etwas nicht verkraften.« Wieder lag er, wie vor drei Jahren, allein in einer dumpfen Kammer, der Schmerz hatte sich schwarz in ihm eingenistet, ihm war sterbenselend zumut. Unablässig kreiste, wie ein Mühlrad, der Gedanke in seinem Kopf: »Nun ist alles aus. Mein Leben ist zu Ende.«

Er war ein wenig eingedämmert. Es war kein richtiges Schlafen, aber auch kein richtiges Wachen. Da hörte er draußen auf der Straße, wie damals, vor drei Jahren, die Stimme Jesu sagen: »Kommt her zu mir alle, die ihr mühselig und beladen seid, ich will euch erquicken.« Es war ein sonderbares Erlebnis, weil er einerseits genau wußte, daß er das träumte, sich aber andererseits genau wie damals der Faszination dieser Stimme nicht entziehen konnte. Er bemühte sich aufzuwachen, vermochte aber nicht, sich zu bewegen, und fiel bald in einen richtigen tiefen Schlaf. Im Traum saß er unter dem forschenden Blick Jesu wie damals zwischen den Jüngern, die ihr Brot und ihre Fische mit ihm geteilt hatten, und er erinnerte sich, daß er Jesus mittags auf der Wanderung von seinem Dorf ins nächste hatte sagen hören: »Ich bin das Brot des Lebens.« Und obwohl er im Traum wußte, daß dies ein Traum war, zerschmolz auch diesmal unter dem forschenden Blick Jesu die Eiseskälte des Todes in seinem Herzen.

Mit einem warmen Gefühl in seinem Innern wachte er auf, und obwohl ihn beim Aufwachen der Gedanke, daß Jesus ja tot sei, schmerzlich durchfuhr, gelang es ihm, dieses warme, lebendige Gefühl in seinem Herzen festzuhalten. Als habe Jesus es ihm befohlen, stand er auf und aß von seinem tagealten, trockenen Brot. Der Hunger hatte ihn plötzlich überfallen. »Brot des Lebens«, dachte er beim Kauen. Ja, er wollte leben. Mit einemmal wäre es ihm wie ein Verrat vorgekommen, sich einfach sterben zu lassen. Ein Verrat an seinem toten Freund Jesus, den er geliebt und bewundert und wegen seiner heilenden Kräfte und seiner Reden geschätzt hatte. Nein, das alles durfte nicht mit Jesus sterben. Das mußte weitergeführt werden, und *er* mußte dafür sorgen, daß das geschah. Joas wußte, daß er unter den übrigen Jüngern ein großes Ansehen genoß, ja, daß sie sogar zu ihm emporblickten. Bis jetzt war ihm das eher peinlich gewesen, denn er war ein bescheidener Mensch, doch nun erwies es sich als günstig, um die anderen Jünger, die sicher genauso ratlos und verzweifelt waren, wie er es noch bis vor kurzem gewesen war (erst jetzt fiel ihm das ein), zu sammeln, ihnen neuen Mut zu geben und sie auf ihre Aufgabe vorzubereiten.

Er machte sich auf, um sie zu suchen. Auch wenn er nie viele persönliche Gespräche mit ihnen geführt hatte – er war immer der Schweigsamste unter ihnen geblieben – und jeder gewettet hätte, daß er gar nichts über sie wisse: Er fand sie alle. Als Menschenkenner und mit Hilfe seiner angeborenen Intuition ahnte er, wo sie sich verborgen haben könnten. Er versammelte sie um sich und hielt die längste Rede seines Lebens, ab und zu, wenn er für ihre einfachen Ohren gar zu sehr in Rätseln sprach, von Zwischenfragen unterbrochen. »Meine Freunde und Brüder«, begann er (wie schwer fiel ihm diese Anrede, doch das mußte jetzt sein), »Jesus ist nicht tot, ich meine ..., ich wollte sagen: Wir dürfen das nicht zulassen, daß er ...« Er verhaspelte sich, begann von Neuem: »Wir dürfen ihn jetzt nicht im Stich lassen.« So, das wäre gesagt. Aus den schweigenden, erstaunten Gesichtern kam eine Frage, die ihm zeigte, daß sie ihn wohl doch noch nicht verstanden hatten, obwohl das Reden so schwer gewesen war: »Wie meinst du das: wir dürfen ihn jetzt nicht im Stich lassen?« – »Wir müssen weitermachen, wie er, in seinem Sinn. Wir müssen sein Werk fortsetzen.«

Es war gut, daß Joas im Kreis der Jünger ein so hohen Ansehen genoß, sonst hätten sie sich jetzt wohl an die Stirn getippt und wären gegangen. Doch sie hielten eine Menge von ihm, und außerdem strahlte seine körperliche Anwesenheit etwas aus, das auch den Furchtsamsten und Begriffsstutzigsten unter ihnen das unbewußte Gefühl verlieh, da sei noch etwas Wichtiges, das noch nicht gesagt sei. Also warteten sie ab, und einer bat vorsichtig, um Joas nicht zu verstören: »Erklär uns doch, wie du darauf kommst und was du damit meinst.« – »Wie ich darauf komme? Hatte ich das noch nicht klar gesagt?« Joas tauchte tief in sich hinab, sah sein Erlebnis von gestern, jenen Zustand zwischen Traum und Wirklichkeit, der ihm zu neuem Leben verholfen hatte. Ja, vielleicht war es so zu erklären. »Ich habe Jesus gesehen, gestern, und seine Stimme gehört. Er sagte: ›Kommt her zu mir alle, die ihr mühselig und beladen seid, ich will euch erquicken.‹ Und da habe ich gefühlt, daß er das zu *mir* gesagt hatte. Und da ...« Er brach ab. Wie schwer fiel es ihm doch, über seine Gefühle zu sprechen!

In die Gruppe der Jünger, die anfangs, von den wenigen Zwischenfragen abgesehen, wie erstarrt dagesessen hatte, war bei seinen Worten Leben gekommen. Sie redeten aufgeregt durcheinander, teils zu ihm, teils miteinander. »Jesus ist doch tot!«, hörte er. »Ist er etwa nicht mehr im Grab?«. »Das hast du geträumt«, aber auch: »Ist er etwa auferstanden?« Diese letzte Frage half Joas, Worte für sein gestriges Erlebnis zu finden in einem Bild

aus einer anderen Religion (Joas wußte das, er war ein gebildeter Mann). »Es scheint so, als sei er auferstanden«, sagte er, erleichtert über den Weg, der sich ihm bot. »In *mir* ist er auferstanden. Ich habe seine Stimme gehört und seine Worte, wie früher, und dabei ist er mir ganz nahe gewesen, und in mir ist es ganz warm geworden. Da hat anscheinend mein Magen seine Tätigkeit wieder aufgenommen, und ich bekam Hunger.« Diese plötzliche Wendung der Rede des Joas befremdete einige, doch Joas, der Wundarzt, dem es so schwer fiel, über seine Gefühle zu sprechen, war froh, sein Erlebnis in die neutrale Sprache der Medizin übersetzen zu können, da fiel ihm das Reden leichter. »Ich habe ein Stück Brot gegessen, da habe ich wieder zu leben begonnen. Und da ist mir klar geworden, daß wir Jesus verraten würden, wenn wir sein Werk nicht fortsetzten.«
Die Jünger schwiegen, aber das war nun ein anderes Schweigen als das frühere, unverständige. Ein jeder hing seinen Gedanken nach. Dann fielen einige Sätze, tropften in die Stille hinein. »Ich bin das Brot des Lebens«, sagte einer, und Joas warf ihm einen dankbaren Blick zu, weil er fühlte, daß er verstanden worden war. »Siehe, ich bin bei euch alle Tage bis an der Welt Ende«, sagte ein anderer, und alle erinnerten sich an diesen Satz Jesu. »Ich werde euch für eine Weile verlassen, aber dann werde ich wieder bei euch sein.« So ging das lange weiter, bis jedem ein Satz Jesu eingefallen war, der das sonderbare Erlebnis des Joas zwischen Traum und Wirklichkeit erklärte, in dem Jesus ihm so nahe gewesen war und ihm das Leben wiedergeschenkt hatte. Der Funke des Verstehens und des neuen Lebens sprang von einem auf den anderen über, und sie beschlossen, hinauszuziehen und es aller Welt zu verkündigen, daß bei Jesus nicht der Tod das letzte Wort behalten, sondern das Leben gesiegt habe, und sein Werk weiterzuführen. – Später sagten die Jünger: »Der Herr ist auferstanden. Er ist nicht im Grab geblieben, er hat den Tod besiegt.« Später sagten sie das, viel später, als sie selbst aus der Verzweiflung über seinen Tod hinauswaren. Anders konnten sie nicht beschreiben, was ihnen geschehen war.

Die Botschaft des Ostereies

Eine Ostergeschichte *Hansjörg Haag*

1. Ein bunt bemaltes Osterei
Ein verbreiteter Brauch ist es, an Ostern bemalte Eier im Haus zu haben. Ihren farbenfrohen Schmuck erhielten die Eier schon zuvor, nachdem sie hartgekocht waren.

Uber die Feiertage stehen sie im Körbchen auf dem Tisch. Ihre bunten Bilder und Malereien sind lustig anzuschauen. Kinder nehmen die Eier mit auf den Osterspaziergang und werfen sie einen Wiesenabhang hinab. In der Erwartung, daß sie weit rollen und irgendwann ein bißchen aufplatzen. Mit einem Riß oder mehreren: dann werden die Eier geschält und gegessen.
Eier waren - und sind teilweise bis heute ein Symbol, ein Zeichen für die Fruchtbarkeit, für das Entstehen neuen Lebens. In vielen Religionen oder Anschauungen wird das so gesehen.
Eigentlich sind Ostereier kein Hinweis auf den christlichen Glauben oder auf die Nachricht vom auferweckten Jesus. Ihre Bedeutung hatten die Eier meistens in der Frühlingszeit, wenn die Natur wieder erwacht.
Aber viele Christen haben diesen Brauch einfach übernommen, weil er etwas Abwechslung bewirkt - und besonders mit dem Eier-werfen für Kinder etwas Schönes ist.
Vor kurzem habe ich mich mit dem Pastor unserer Waldensberger Partnerschaftsgemeinde, Herrn Rutigliano, bei Freunden in der Schweiz getroffen. Die Eheleute Zangger aus Oensingen. Sie waren schon hier in Waldensberg. Frau Zangger hat ein Hobby: das Malen. Neben all ihrer vielen Arbeit im Beruf, im Haushalt und in der Kirchengemeinde bemalt sie Eier und manchmal auch Ziegel oder ähnliches mit christlichen Symbolen.
Vom Jahresanfang bis Ostern geht sie dann an Wochenenden in Hotels oder Geschäfte, postiert sich mit einem Tisch, ihren Eiern und dem Pinsel in der Hand am Eingang und wartet auf Menschen, die sich für ihr Hobby interessieren, evtl. etwas kaufen oder aber mit ihr ins Gespräch kommen.
Sie bemalt ihre Objekte immer mit ausschließlich christlichen Inhalten.
Ein Ei ist mir, als ich bei ihr und ihrem Mann zu Gast war, sofort ins Auge gesprungen: - - - - - dieses hier. Auf das Ei sind eine Kanne, Brot, ein Fenster und eine Taube gemalt.
Die Kanne könnte eine Abbildung der Waldensberger Abendmahlskanne sein. Das Brot - zusammen mit der Kanne - weist eindeutig auf das Abendmahl. Ein Fenster mit einem Kreuz - nicht zufällig, sondern absichtlich ein Kreuz. Und eine Taube, die von oben nach unten fliegt.
Wirklich ein Osterei - und zwar eines mit einer wirklich christlichen, einer österlichen Botschaft. Was das Ei uns sagen und bedeuten könnte, will Ihnen die folgende Rede mitteilen.

2. Das Osterei erzählt

»Ich habe eine zarte, zerbrechliche Umhüllung. Zerbrechlich ist jedes Leben, das noch nicht geborene, das werdende, das wachsende, das älter werdende, das alte, das vergehende, das sterbende. Anfällig für Gefahren und Bedrohungen.
Auch Gottes Leben, auch Gott selber ist zerbrechlich, gefährdet ...
Mein Inhalt wurde ausgeblasen, durch mich entsteht kein neues Leben mehr. Jedenfalls kein gefiedertes Geschöpf, keine weiteren Eier ... Ausge-

blasen wurde auch das Leben des Gottgesandten Retters. Am Kreuz. Die Menschen sahen zwar seine Herrlichkeit, waren fasziniert von seiner Liebe, seiner Hingabe, seinem Vertrauen, seiner Botschaft. Aber als es darauf ankam, der Liebe Gottes und dem befreienden Messias zum Durchbruch zu verhelfen, haben ihn alle, ausnahmslos alle im Stich gelassen. Die Liebe Gottes schien ihnen zu gewagt - angesichts der Macht und der Gewalt, zu der Menschen sich befähigen können.

Ausgeblasen wurde der Bote Gottes. Ausgeblasen schien sein Leben. Ausgeblasen schien - mit ihm - seine Hoffnung, seine Erlösung, seine Liebe. Alle wandten sich endgültig ab. Er war gescheitert. Aus, vorbei. Der Messias, der von Gott gesandte Retter war geendet ...

Mein Inhalt wurde ausgeblasen. Aber vorsichtige, behutsame Hände nahmen sich meiner an. Kreativ und schöpferisch fertigten sie ein Kunstwerk auf meiner alten Hülle - und erweckten mich so zu neuem Leben, das mehr vom Leben zeugt, als ich es zuvor hätte tun und bewirken können.

Ein Hinweis auf Gott?

Ich glaube ja.

Die, die um Jesus trauerten, die niedergeschlagen waren, daß einer mit solchen Hoffnungen und Begabungen am Kreuze scheitern mußte, daß einer mit solch einer Liebe und solch einem Einsatz der Gewalt erliegen mußte, die schier verzweifelten angesichts der Niederlage des Guten, des Freien, des Wahren, die gingen, um das Grab aufzusuchen und den Leichnam zu pflegen. Ein Akt letzter Dankbarkeit, letzter Ehrerbietung gegenüber dem Toten.

Aber sie finden nichts, nicht den Toten ... Stattdessen begegnen sie dem Auferweckten, dem Jesus, dem Gott neues, ewiges Leben gegeben hat. Der Tod, die Gewalt, der Haß - all das kann Gottes Liebe nicht unterkriegen. Gottes Liebe setzt sich, wenn auch bescheiden, ohne Gewalt, ohne Herrschaft durch zu neuem Leben.

Und der Auferweckte vertraut sich zerbrechlichen und gefährdeten Menschen an. Er vertraut die Nachricht von Gottes unwiderstehlicher und unüberwindlicher Liebe Menschenleben an, das vergeht - wie du und ich. Aber unser Leben und selbst unser Sterben kann zur Trägerin bzw. zum Träger der frohen Nachricht von der Liebe Gottes werden. So wie meine Bemalung auf meiner Hülle die Botschaft weitergibt.

Was wird durch mich, was wird durch euch der Welt und den Menschen gesagt?

Das Fadenkreuz, das im Zielobjekt etwas Lebendiges vernichten will, das Kreuz des Todes, das Fensterkreuz erinnert an die Un-tat der Menschen, wenn sie die Liebe und damit Gott aus der Welt und aus dem Leben verbannen und hinausdrängen wollen. Vielleicht weil sie annehmen, selber Gott werden zu können ... Das Fensterkreuz: ständige Mahnung, daß Menschen in der Versuchung sind, Gott und damit das Leben zu verwerfen. Das Fensterkreuz: Zeichen dafür, daß einer sterben mußte, obwohl er unschuldig war und obwohl wir anderen alle die Strafe verdient hätten.

Das Brot und die Kanne weisen auf Jesus selber - wie das Kreuz. Brot und Kanne, bzw. Brot und Saft des Weinstocks machte Jesus seiner Jüngerschaft zum Zeichen dafür, daß er sein Leben gibt und damit alle retten und in die Gemeinschaft mit Gott hineinholen will.

Kennt ihr die Überlieferung von den beiden Jüngern, die zu Emmaus wohnten und die nach der Kreuzigung, einige Tage später eine schier unglaubliche Begegnung hatten:

Lukas 24,13-35 (übertragen nach Die gute Nachricht in heutigem Deutsch)

So unfaßlich es klingt, so wahr ist es dennoch. Viele Christen standen mit ihrem Leben dafür ein, für diese Wahrheit: Jesus lebt. Gott hat ihn auferweckt. Die Liebe Gottes in Jesus ist nicht gescheitert. Die Liebe Gottes ist immer noch da - und will dich und mich ergreifen, daß wir sie leben und verwirklichen und damit Hoffnung bringen in diese Welt ...

Wo Menschen das Brot brechen und aus einer Kanne trinken, wo sie das tun im Namen Jesu, wo sie einander vergeben, wo sie mutig sich zu ihrem Herrn bekennen, wo sie immer wieder neu wagen, die Liebe Jesu nachzuleben, da ist Christus schon ganz nah und da. Da lebt seine Botschaft, da lebt Gottes Liebe - mitten in einer Welt, die so bedroht ist vom Untergang - sei es nun in Frankfurt-Höchst, sei es in Sarajewo, sei es in Bolivien, sei es in Äthiopien, sei es im Haus neben euch, wo einer fehlt seit einiger Zeit, sei es in eurem Herzen, wenn es dem anderen keinen Raum mehr läßt.

Durch das Fensterkreuz scheint helles, goldfarbenes Licht und fällt auf die Zeichen des Abendmahls. Osterlicht. Das Licht Gottes, das jeden Tod besiegt - nicht mit Mitteln der Gewalt und des Tötens, nicht mit dem Bösen und Verderbenbringenden, sondern mit der Liebe zum Leben, die allerorten Hoffnung macht, wo Aussichtslosigkeit droht. Das Osterlicht, das erstrahlt, weil selbst im Sterben und im Tod, Gottes Liebe und Gottes Leben nicht untergehen, sondern sich bewähren und zu neuem Leben auferstehen.

Ich weiß von einer Frau, die viel, ja fast alles verloren hat, weil ihr Lebensgefährte und mit ihm alle ihre Pläne fürs Leben starben. Sie trauert - aber nicht ohne Hoffnung, nicht ohne Mut ... Woher sie die bekommt? Jedenfalls lebt sie weiter, denkt an ihren verlorenen Geliebten, setzt sich ein für die guten gemeinsamen Ziele.

Ich weiß von einem Mann. Er hat viele erstaunliche Fähigkeiten. Er hätte viel Geld machen und angesehen werden können. Stattdessen geht er einem einfachen Beruf nach - und er geht diesem Einen nach, der gestorben ist und auferweckt wurde, weil er Gottes Liebe und Gottes Erlösung für alle Menschen verkündete. Dieser Mann spart nicht mit Einsatz, wo es darum geht, Menschen zu helfen, Leidende zu unterstützen, Not zu lindern, für die Zukunft der Versöhnung sich einzusetzen ... Er trägt weder Titel noch Auszeichnung. Er versteht sich ganz einfach als Christ. Und ist

bereit, in der ganz menschlichen, häufig genug auch recht unvollkommenen Gemeinschaft derer, die sich auf dieses Einen Namen taufen ließen, zu wirken, Verantwortung zu übernehmen und so geradezustehen für diese Botschaft von der unglaublichen Liebe Gottes.
Die Taube, als Zeichen Gottes bei der Taufe Jesu erinnert daran: Gott schafft dem Leben und den Liebenden ungeahnte Möglichkeiten. Menschen können frei und froh werden, können Unrecht bewältigen und Leid lindern, wenn sie den guten Geist des Einen, dieses Auferweckten, erbitten und unter seiner Leitung handeln.
Euer Leben, ihr Menschen, ist bunt, wie die Blumen. Farben, die lustig sind, Farben, die traurig machen – das alles gehört zum Leben hinzu. Und wie die Blumen lebt alles Geschaffene allein von der Güte und der Gnade des einen Schöpfers, dem sich alles verdankt.
Ostern feiern, Abendmahl halten, beten, essen und trinken – all das dürfen wir, weil Gott die Welt liebt. Und die Auferweckung Jesu bürgt dafür, daß selbst der Tod nichts von der Liebe Gottes trennen oder scheiden kann.«

3. Wo wird es Ostern bei uns?
Liebe Gemeinde.
Das Osterei wüßte sicher noch mehr zu sagen. Ach was, zu predigen – von Gottes unermeßlicher Liebe.
Wo wird es Ostern bei uns?
Befreiung zum Leben, Befreiung zur Versöhnung – wagen wir es? Gerade heute und morgen, weil Ostern ist?
Zum Beispiel indem ich mich entschuldige bei jenem Menschen, gegen den ich mir Groll und Ärger hege oder den ich verletzt habe.
Zum Beispiel, indem ich wieder ohne Scheu allein und ohne Überheblichkeit offen vor anderen ein Tischgebet spreche – und dem Auferstandenen danke für alle seine Liebe und das neue Leben, das mir durch ihn gegeben ist.
Zum Beispiel, indem ich für Leidende oder Abseitsstehende ein offenes Herz habe, ihnen Zeit, Geduld und anderes widme.
Undundund …
Ostern, liebe Gemeinde, Ostern wird es nicht nur im Frühjahr am Sonntag nach Karfreitag. Ostern wird es, wo die Kraft des Lebens und die Kraft der Liebe des gekreuzigten und auferweckten Jesus uns anstiftet, unsererseits das Leben zu wählen und die Liebe zu verwirklichen.
Amen.

Verschlossene und geöffnete Türen

Text: Johannes 20,19–31 *Klaus Zillessen*

Zweimal muß unser Evangelium von verschlossenen Türen berichten, hinter denen Jesusjünger sich eingeschlossen haben. Das scheint zu allen Zeiten ein Problem der Gemeinde Jesu Christi gewesen zu sein. Sie ist in Gefahr, aus allen möglichen Ängsten heraus, sich einzuschließen, abzukapseln, unter sich bleiben zu wollen, als »geschlossene Gesellschaft« zu überleben.
Auch wir machen es andern (neuzugezogenen Aussiedlern zum Beispiel) immer wieder schwer, in unsere Gottesdienste, in unsere Gemeinde, in unsere Gruppen zu kommen. Wir tagen am liebsten hinter verschlossenen Türen, als geschlossene Gesellschaft. Auch die Türen unserer Kirche und unserer Gemeinderäume sind oft abgeschlossen.
Und so blieben wir unfruchtbar ganz unter uns, – wenn nicht Jesus, der Auferstandene, sich trotz verschlossener Türen Zugang verschaffen würde, er, der auch die steinerne Grabestür, die am Karfreitag hinter ihm geschlossen wurde, aufgestoßen hat. Jesus kommt zu uns, in unsere Abgeschlossenheit. Jetzt haben wir die Chance offen zu werden.
Mitten in unsere sich abkapselnde, geschlossene Gesellschaft tritt er ein und ruft uns zu: »Friede sei mit euch!«. Das ist viel mehr als eine höflich-fromme Begrüßung. »Meinen Frieden lasse ich euch« – damit beschenkt er uns. Ganz falsch verstanden hätten wir, wenn wir dabei heraushörten: »Ich lasse euch in Frieden, ich lasse euch in Ruhe – ihr wollt ja in Ruhe und Frieden gelassen werden ...«. Frieden, wie die Bibel das Wort versteht, kann man nicht alleine haben, indem man in Ruhe läßt und in Frieden gelassen werden möchte. »Frieden« ist in der Bibel ein Wort, das von geglückter Gemeinschaft erzählt. Es meint gerade nicht Beziehungslosigkeit, sondern lebendige, offene, gelungene Gemeinschaft mit Gott und anderen Menschen. Wer hinter verschlossenen Türen sitzt, verhindert Gemeinschaft mit anderen, hat keine friedlichen Beziehungen zu den andern draußen, sondern überhaupt keine.
»Friede sei mit euch«, das heißt: Öffnet eure (Herzens-, Haus- und Kirchen-) Türen für Jesus Christus und für die, die in eure Gemeinde kommen: den Aussiedlerfamilien und dem afrikanischen Pfarrer, der am nächsten Sonntag hier eingeführt wird, um für 4 oder 5 Jahre im Kirchenbezirk tätig zu sein. Öffnet den Neuzugezogenen und auch den andern, die in unserer geschlossenen Gesellschaft bisher keinen Zugang fanden.
... und dann sendet er die Seinen: »Wie mich der Vater gesandt hat, so sende ich euch.«
Wer ausgesandt ist, muß durch geöffnete Türen hinausgehen, um neue Bekanntschaften zu machen, neue Freundschaften zu schließen, neue Beziehungen zu knüpfen.
Und die alten abgebrochenen Beziehungen können nur dann wieder aufle-

ben, wenn man sich die gegenseitige Abkapselung und Abschottung verzeiht. Deswegen gibt Jesus den Ausgesandten die Vollmacht, Sünden zu vergeben (und Sünden zu behalten). Vom ersteren (der Vollmacht, Sünden zu verzeihen), sollte man verschwenderisch Gebrauch machen - auf die andere Vollmacht (jemanden bei seiner Schuld zu behaften), sollte man möglichst verzichten (Jesus selbst hat es jedenfalls so gehalten).
Einer war nicht dabeigewesen, als Jesus in die Abgeschiedenheit der Jünger eingetreten war: Thomas. Möglicherweise ist es typisch für unsere Ghettomentalität, daß wir argwöhnen, der Thomas habe sich unentschuldigt von der Jüngergemeinde abgesetzt. Wir nennen ihn mit sanftem Tadel, den »Ungläubigen« - obwohl die andern Jünger kaum viel gläubiger waren, solange Jesus nicht in ihre Abgeschlossenheit eingetreten war. War Thomas vielleicht beim ersten Mal nur deswegen nicht dabeigewesen, weil die Türen (wieder mal!) verschlossen waren und er beim besten Willen nicht hineinkommen konnte? – (Vorsicht mit Vorwürfen gegenüber solchen, die bei der Gemeinde nicht zu sehen sind – vielleicht sind die gar nicht schuld, sondern wir selbst in unsern verschlossenen Räumen).
Beim nächsten Mal war dann wenigstens für einen Augenblick die Tür einen Spalt weit offen gewesen, so daß Thomas noch 'reinkonnte, kurz bevor dann wieder abgeschlossen wurde. Diesmal konnte Thomas seinem Herrn begegnen. Er fand zu seinem Glaubensbekenntnis »Mein Herr und mein Gott«, »Jesus, du mit den Nägelmalen, für mich gekreuzigter Gottessohn, in dem wir das Leben haben ...«
Zusammen mit Thomas bekommen wir eine geheimnisvolle wichtige Glaubenswahrheit auf den Weg: »Selig sind, die nicht sehen und doch glauben«, für mich gar nicht so sehr ein Vorwurf als eine Ermunterung: Glückwunsch denen, die auch da glauben, wo noch fast nichts zu sehen ist. Glückwunsch denen, die dem Auferstandenen vertrauen, auch wenn sie ihn nicht leibhaftig gesehen und betastet haben. Umfassender noch: Selig sind, die trotz aller Verschlossenheit der Gemeinde damit rechnen, daß in ihr der Geist des Auferstandenen weht und wirkt, die damit rechnen, daß er jederzeit eintreten kann, auch wenn alles noch wie vernagelt ist.
Unser Evangelium endet mit einem merkwürdigen Hinweis: »Noch viele andre Zeichen tat Jesus vor seinen Jüngern, die nicht geschrieben sind in diesem Buch.« Der letzte Satz überbietet das sogar noch: »Wenn das alles aufgeschrieben werden sollte, dann würde die Welt die Bücher nicht fassen, die zu schreiben wären.«
Wieso? Weil Jesus solche Zeichen zu allen Zeiten getan hat und tut: Er tritt ein in unsere geschlossenen Gesellschaften, bricht Türen auf, kommt hinein und schickt uns los, Friedensbeziehungen zu knüpfen ...
Auf einer Seite dieser unzähligen noch ungeschriebenen Bücher könnte vielleicht etwas stehen davon, daß in unserer Gemeinde Dogern sich die Türen der Kirche für die katholischen Christen geöffnet haben (weil ihnen zur Zeit kein Gottesdienstraum zur Verfügung steht). Auf der anderen

Seite könnte etwas davon stehen, daß Aussiedler aus der ehemaligen Sowjetunion sich unserer Gemeinde geöffnet haben, getauft und konfirmiert werden wollen und daß wir uns ihnen öffnen, so wie sie unserm Besuchskreis die Wohnungen ihrer Übergangswohnheime in der Bogenstraße und Talstraße geöffnet haben.
Auf einer dritten Seite könnte zu lesen sein, daß sich am kommenden Sonntag einem afrikanischen Pfarrer die Türen unserer Gemeinde geöffnet haben. ... Lauter Seiten aus den unzähligen ungeschriebenen Büchern der Osterwunder Jesu Christi, des Sohnes Gottes, durch den wir das Leben haben. Schreiben wir mit an diesen Büchern, die noch zu schreiben sind!

Jesus verwandelte Steine in Brot

Predigt mit den Symbolen Stein und Brot
Text: Matthäus 28,1-10 *Mechthild Werner*

Vieles lastet auf dem Rücken dieser beiden Frauen. Sie haben die Hinrichtung miterlebt und mitgelitten. Die letzten Worte, Seufzer und Schreie des geliebten Jesus gehört. Gesehen, wie er vom Kreuz abgenommen wurde und ins Grab gelegt. Endgültig der Tod. Ende, aus!
Ein großer Stein vors Grab gerollt, der alles besiegelt. Sicher war er viel größer als dieser hier ... *(Stein zeigen).* Aber genauso ein Stein - hart, fest, schwer und unverrückbar. Genauso groß und schwer liegen Steine auf der Seele. Wenn ich diesen Brocken hier herumgäbe - jede und jeder von uns könnte Seelensteine benennen - Enttäuschung, Kummer, Krankheit oder Trauer. Solche Wacker liegen auf jedem Lebensweg. Trauersteine lasten auch auf der Seele der Magdalena und der anderen Maria. Sie sind bedrückt. Sollte alles vorbei sein - vorbei die befreiende Gemeinschaft und die Feste, vorbei die Tage der Liebe und der Hoffnung? Ihre Herzen fühlen sich an wie eine Steinwüste - kahle Felsenlandschaft, verdorrtes Braun. Und doch - sie machen sich auf, gehen noch einmal zum Grab. Der Gang dahin tut weh, macht die Trennung noch mehr bewußt.
Aber dieser Gang ist auch ein Weg der Erinnerung. Die Frauen denken an ihre Begegnung mit Jesus, reden über die Menschen, die sie um ihn herum angetroffen haben. Viele waren damals am Boden und hatten doch wieder Kraft zum Aufstehen gefunden - Traurige wurden getröstet, Kranke gesund, Verzweifelte bekamen Hoffnung, und das Schönste daran: Sie waren zusammen. Gemeinsam wollten sie auf das Reich Gottes hinarbeiten. Mit Jesus in der Mitte fürchteten sie sich vor nichts und niemand in der Welt. Schöne

Erinnerungen der beiden Marien. Sie richten sich auf, seufzen, schieben die Seelensteine ein wenig zur Seite. Ihre Herzen fühlen sich wieder lebendiger an. Warum sollte es nicht möglich sein, daß Christen noch immer Kraft zum Aufstehen haben? Sollte es möglich sein, daß der wuchtige Grabesstein doch nicht alle Hoffnung erschlagen hat? Tatsächlich, als sie am Grab ankommen, ist der Stein, der so unverrückbar schwer schien, weggenommen. Dem Engel des Herrn, Gott selbst, war es möglich, den Stein des Todes wegzuwälzen und dem Leben Platz zu machen. »Fürchtet euch nicht«, hören die Frauen und dieser Satz erschüttert ihre versteinerten Herzen. Sie stehen wie vom Donner gerührt, wie ein Erdbeben geht es durch ihre eben noch wüste Seelenlandschaft. »Er ist nicht hier, er ist auferstanden« klingt es in ihnen nach, als sie zurücklaufen. Sie sind »voll Furcht und großer Freude«, heißt es und sie begegnen Jesus. Die Hoffnung lebt.
Und auch die wüste Seele lebt - hat sich verwandelt wie zur Regenzeit, zwischen den braunen Steinen wächst jetzt fruchtbares Grün. Mitten in der Wüste blüht ein üppiger Garten. Das Leben ist das Geheimnis der Auferstehung, liebe Gemeinde - Steine (Versteinertes) werden erschüttert und von göttlicher Hand aus dem Weg geräumt. Zwischen leblosem Geröll blüht es auf. Das ist das Wunder des Lebens. Und dieses Osterwunder bleibt notwendig.
Denn - Steinbrocken pflastern unsere Wege, steinerne Mauern trennen Menschen und markieren Grenzen, Steine werden aufeinander geworfen aus Aggression und Wut. Steine gegen das Leben. Und schwere Wacker liegen auf der Seele - Vorwürfe, Kummer und Trauer. Seelengeröll verschüttet alles Lebendige. Unter diesen Steinen leiden wir und können sie doch nicht alle aus eigener Kraft beiseite schieben. Aber Jesus konnte es. Er riß Grenzmauern zwischen Menschen ein, schlug den Verfolgern der Ehebrecherin die Steine mit Worten aus der Hand: »Wer unter euch ohne Sünde ist, werfe den ersten Stein.« Jesus hat keine Steine gegen das Leben zugelassen. Und auch Steine auf der Seele - Verzweiflung und Schuld - nahm er weg. Lebensfeindliche Steine verwandelte er einfach in Brot - in lebenspendendes Brot. Brot wie dieses. *(Brot zeigen)*
Es ist Sinnbild des Lebens. Brot steht für alles, was der Mensch zum Leben braucht. Aber der Mensch lebt nicht vom Brot allein. Und deshalb bedeutet das Brot, das Jesus mit seinen Freunden teilt, auch noch viel mehr. (siehe Abendmahl ...) Es ist Nahrung für Körper und Seele. Es steht für die Gemeinschaft der Christen und für die Liebe Gottes. Das Brot liegt als lebendige Hoffnung dem lebensfeindlichen Stein gegenüber. *(zeigen)* Und doch ist das Brot nicht ohne den Stein. Das Weizenkorn kann nicht zu Brot werden, ehe es nicht vom Stein gemahlen wurde. Ehe es nicht einen steinigen Tod gestorben ist, kann kein Korn zu lebendigem Brot werden. So ist es auch mit unser Menschenleben. Es gibt kein richtiges Leben ohne leidvolle Erfahrungen, ohne kleine und große Tode, die wir sterben. Tödlicher Kummer, tödliche Verzweiflung, Tode von geliebten Menschen ...

Alltägliche Passion - lebensfeindliche Steine mitten auf dem Lebensweg. Aber es ist Ostern. Der große Stein ist vom Grab gewälzt. Die Steinwüste blüht. Das tote Geröll kann - dank Jesu - erschüttert werden. In der Erinnerung an ihn können wir uns aufrichten wie die beiden Marien, Steine von der Seele nehmen und aus dem Weg räumen. Solche ausgeräumten, verwandelten und ergrünten Leidenssteine machen unser Leben erst wirklich fruchtbar. Wer nicht gelitten hat, weiß nicht, was es heißt, zu leben. Ehe wir nicht steinige Tode gestorben sind, können wir das Brot Christi nicht recht schmecken. Aber wir sollen es kosten, das Brot des Lebens. Schmecken, daß die Gemeinschaft Jesu Christi nicht gestorben ist. Der große Stein vorm Grab war kein Ende. Eher ein Anfang. Er ist weggewälzt. Wie Magdalena und die andere Maria gehen wir »voll Furcht, aber auch großer Freude« vom Grab.
Leblose Steine, tödlichen Haß und Verzweiflung wird es weiter geben, aber sie werden verwandelt in lebendiges Brot, in Liebe und Hoffnung. Durch Stein und Brot kann Ostern werden. Heute und jeden Tag.

»... den Stein ins Rollen bringen«

Ingrid Keßler-Woertel

Liebe Gemeinde!
Sie sehen, ich habe einen Stein hierher in den Gottesdienst mitgebracht. Schon einige Jahre liegt der Stein in meinem Arbeitszimmer. Ich habe ihn von unserer ersten Familienfreizeit in Südtirol mitgebracht. Jetzt liegt er dort - in Sichtweite -, so als Erinnerung an diese und alle folgenden Familienfreizeiten. Er erinnert mich an die gemeinsamen Wanderungen, die Gespräche, die Andachten, die Kinderstunden, an Lachen und Weinen miteinander, an Sonne und Berge. Und so, wie ich diesen Stein mitgenommen habe, ihn auf mein Bücherregal legte, ihn manches Mal - mich erinnernd - in die Hand nahm, so tun das viele andere auch. Auf so manchem Tisch, in so manchem Regal liegt so ein Stein der Erinnerung. Man staubt ihn ab, überlegt wohl auch einmal, ihn fortzuschmeißen, aber nein, den Stein hat der heute erwachsene Sohn mit aus einer Jugendfreizeit gebracht, und dieser andere Stein, den hat man aufgehoben bei einer Wanderung, einem Spaziergang mit Freunden. Dann, bei diesen Erinnerungen, wird der Stein ein wenig abgewischt und wieder an seinen Platz gelegt.
Steine, darüber soll die Predigt heute sein. Besondere Steine, Steine, die in der Heiligen Schrift vorkommen, und dann auch Steine, die in unserem Leben vorkommen.

»Den Stein ins Rollen gebracht« hat für diese Predigt eigentlich ein Fernsehbericht. Da wurden Steine ganz anders verwandelt. Nicht als gehegte und gepflegte Erinnerungsstücke, die zur Hand genommen werden und uns an schöne Tage erinnern. Diese Steine, die da im Fernsehen gezeigt wurden, lagen in den Händen vieler junger und alter Menschen, Frauen und Männer, die willkürlich Steine, die am Wegesrand lagen, aufgenommen hatten und sie wie Waffen trugen. Ihnen gegenüber standen Panzer. Mit ihren Steinen konnten die Menschen sicher nichts ausrichten. Eher war es ein Bild hilfloser Wut angesichts der großen Übermacht, der sie sich entgegenstellten. Der Kommentator sagte dazu: »In hilfloser Wut griffen die Menschen zu den Steinen. Den Stein ins Rollen brachte...« Ich hörte nicht weiter zu, denn ich stolperte über diesen Ausdruck: den Stein ins Rollen bringen. Ob der Nachrichtensprecher wohl wußte, daß er damit einen biblischen Vers aufgegriffen hatte?

Das ist in der Geschichte vom Leiden und Sterben Jesu. Als Jesus nach langer Qual am Kreuz gestorben ist, da kommt zu Pilatus Josef von Aritmäa, ein Ratsherr, und bittet darum: »Herr, laß mich doch den Leichnam des Jesus von Nazareth bestatten, so wie es bei uns üblich ist.« Pilatus gestattet es. Und Josef darf den Toten vom Kreuz abnehmen. Und dann diese Worte: »Und Josef legte den Leichnam in sein eigenes Grab, das er in den Felsen hatte hauen lassen, und er rollte einen großen Stein vor die Tür des Grabes.«

Sehen Sie, in Israel, dem Heiligen Land, in dem Jesus zuhause war, sind die Sitten und Gebräuche oft anders als bei uns. Wenn wir den Sarg mit dem Verstorbenen in der Erde bestatten, dann hat man dort Höhlen in Felsen gesucht oder auch neu geschlagen, in denen man die Toten zur letzten Ruhe legte. Ein solches Felsengrab wurde zur Ruhestätte für die ganze Familie, die ganze Sippe. Der oder die Verstorbene wurde mit Salben und besonderen Duftölen eingerieben und dann auf eine Art Steintisch gebettet. Danach wurde der Höhleneingang verschlossen, damit kein Unbefugter – und vor allem keine Tiere – in die Höhle hineingehen konnten. Oft wurde dabei ein riesiger, zurechtgeschlagener Stein vor den Höhleneingang gerollt auf einer besonderen Schienenkonstruktion, aber mehrere starke Männer waren nötig, das Grab wieder zu öffnen. So sorgten sich die drei Frauen, Maria, die Mutter Jesu, Maria Magdalena und Salome, die damals zur Grabeshöhle gingen. Die drei hatten es übernommen, den Leichnam einzubalsamieren. Mit sich trugen sie Salben und Duftöle. Der Evangelist Markus beschreibt das Gespräch der drei Frauen sehr treffend. »Wer rollt uns den Stein von des Grabes Tür?« fragen sie.

Als sie dann das Felsengrab erreichen, ist ihr Erschrecken umso größer: der Stein ist fortgerollt, der Eingang offen... Verwirrt schauen sie in die offene Höhle: Jesus Christus ist auferstanden von den Toten, wird ihnen nun gesagt. Was sucht ihr den Lebenden bei den Toten?

Liebe Gemeinde, in dieser Auferstehungsgeschichte spielt der Stein eine große Rolle. Als er den Eingang zum Grab verschließt, heißt das, es ist zuende, aus, abgeschlossen. Dann ist der Stein fortgerollt ... das Grab ist offen, ein Symbol: es geht weiter, das Leben hat über den Tod gesiegt. Deshalb sagt man heute noch: »Einen Stein ins Rollen bringen ...« und meint, etwas Neues anfangen, eine Sache aufrollen, Leben in Bewegung bringen. So spielt der Stein hier eine ganz wichtige Rolle, weil er ins Rollen gebracht wird.

Eine zweite biblische Steingeschichte:

Diese spielt einige Zeit vor dem Tode Jesu. Jesus weiß, daß er nach Jerusalem muß, daß er dort ans Kreuz geschlagen wird, daß es seinen Tod bedeuten wird. Schon ist er nahe dem Ölberg, Jerusalem liegt in allernächster Nähe. Viele Menschen begleiten ihn, dicht, ganz dicht, als schirmten sie ihn ab, sind die 12 Jünger und die Frauen, dann auch einige Pharisäer, die eifrig mit Jesus diskutieren. Als die Jünger nun die Silhouette der Stadt Jerusalem sehen, da werden sie ganz aufgeregt, reden lachend durcheinander und beginnen fröhlich, den Gottessohn zu loben. Sie rufen: »Gelobt sei, der da kommt, der König, im Namen des Herrn. Friede sei im Himmel und Ehre in der Höhe!« Dann zeigen sie freudig auf Jesus und sagen noch einmal: »Gelobt sei der König.« Die Pharisäer mögen das nicht mit ansehen und schon gar nicht mit anhören. Für sie ist Jesus nicht der Sohn Gottes, für sie ist Jesus ein ganz normaler Mensch, ein Wanderprediger, einer, der gut von Gott erzählen kann und vom Reich Gottes, aber mehr auch nicht ... eben ein Mensch. Die Jünger fühlen das ganz anders. Nein, sagen sie, Jesus ist der langerwartete Sohn Gottes. Lange, lange Jahre haben wir auf diesen Gottessohn gewartet, und nun seht her, ihr Menschen von Jerusalem, ihr Pharisäer, ihr vielen, die ihr am Wegesrand steht: er ist endlich da, der neue König, der im Namen Gottes kommt. »Sag' ihnen, sie sollen still sein,« bitten die Pharisäer Jesus, er schaut sie an und antwortet: »Ich sage euch: wenn diese schweigen werden, dann werden die Steine schreien.«

Nun weiß natürlich jeder von uns, liebe Gemeinde, daß Steine nicht schreien können, sie können weder schreien noch weinen und Tränen vergießen. Aber: Steine können stumme Zeugen sein, der Stein aus dem Urlaub, der nur für uns Erinnerungswert hat, oder Mahnmale sind auch meist aus Stein. Steine als stille Zeugen vergangener Geschichte. Grabsteine z. B., die an einen bestimmten Menschen erinnern, Steintafeln und darin gemeißelte Namen erinnern in den Konzentrationslagern des 3. Reiches an die vielen Opfer der Willkürherrschaft. Ein Blick auf eine solche Tafel, in die hunderte und tausende Namen von Opfern der Gewaltherrschaft gemeißelt sind, ein Blick auf eine solche Tafel sagt mehr aus und macht mehr betroffen, als hundert Geschichten dazu zu lesen.

»... wenn diese, meine Jünger werden schweigen, so werden die Steine schreien.«

Steine können eine Geschichte erzählen, so hat Jesus recht: »Steine werden schreien.«

Eine dritte biblische Steingeschichte:
Vielleicht könnten wir dieser Geschichte eine Überschrift geben: »Wenn Steine fliegen ...« Wer diese Überschrift hört, heute, jetzt, hier bei uns, der denkt sicher sofort an gewalttätige Auseinandersetzungen. Der Stein als Waffe: Fensterscheiben werden eingeworfen, Steine gegen Menschen geschleudert. Diese Steine wollen und sollen verletzen. Wenn einer einen Stein zur Hand nimmt und ihn in das Fenster einer ausländischen Familie schleudert, dann will er damit sagen: »Ich will nicht, daß Ausländer hier sind, ich will sie mit Gewalt vertreiben.« Wenn einer Pflastersteine auf Polizisten wirft, dann will er die Polizisten willentlich verletzen.
In beiden Fällen ist es böswillige Gewalt. Zu biblischer Zeit aber gab es eine Gesetzgebung, in der Steine dazu genommen wurden, um Gerichtsurteile auszuführen. Es gab die Steinigung. Hatte einer ein Verbrechen (Mord, Totschlag oder Ehebruch) begangen, konnte er zum Tode durch Steinigung verurteilt werden. Nicht ein einziger Henker vollstreckte dann das Urteil, sondern viele – also eine ganze Menge – Menschen hoben Steine und warfen nach dem zum Tode Verurteilten. Diese Art der Vollstreckung der Todesstrafe mag uns heute furchtbar vorkommen, aber sie war damals geltendes Recht. Und dieses Recht hatten die Schriftgelehrten und Pharisäer im Kopf, als sie eine Frau vor Jesus zerrten: »Diese Frau«, sagten sie, »diese Frau wurde heute morgen aufgegriffen. Sie hat Ehebruch begangen. Du kennst das Gesetz, Jesus, es sagt: solche Ehebrecherinnen sollen gesteinigt werden. Was sagst du dazu?« Jesus hockt sich auf den Boden und scheint völlig abwesend zu sein, er malt mit dem Finger in dem Staub, Figuren vielleicht, oder Buchstaben. Aber die Pharisäer lassen nicht los. »Jesus«, beharren sie, »was sagst du dazu?« Er steht auf, schaut sie alle der Reihe nach an und und sagt: »Wer unter euch ohne Sünde ist, der werfe den ersten Stein.« Dann bückt er sich wieder und malt weiter seine Figuren in den Staub. Die ihn gefragt hatten, schauen einander an, schweigen. Dann gehen sie, einer nach dem anderen verlassen sie den Platz. Nur Jesus bleibt dort und die angeklagte Frau. »Wenn kein Anderer dich verdammt hat, so verdamme ich dich auch nicht. Gehe hin und sündige nicht mehr.« So endet diese Steinigungsgeschichte. Nicht ein Einziger nimmt den Stein zur Hand, im Gegenteil, die, die die Steine schon in der Hand hatten, lassen sie fallen, legen sie an die Seite, gehen wortlos fort. Sie wissen, »wir haben kein Recht, mit Steinen auf diese da zu werden, denn wir alle haben unsere je eigene Sünde.« »Wer unter euch ohne Sünde ist, der werfe den ersten Stein.«
Liebe Gemeinde, wir heute sagen das so: »Wer im Glashaus sitzt, soll nicht mit Steinen werfen.« Und während wir das sagen, greifen wir oft genug selbst zu Steinen, die in unseren Händen zu Waffen werden und verletzen die Anderen mit Worten, Gesten und Werken. Das waren die Steingeschichten. Steine, die uns erinnern, an besonders gute, schöne Zeiten im Leben. Steine, die für Gewalt und Terror stehen. Und die Antwort Jesus darauf: »Wer unter euch ohne Sünde ist, der werfe den ersten Stein.«

Steine, die mahnende Zeugen für das Leiden und das Elend so vieler Menschen in dieser Welt sind. »Wenn diese schweigen werden, dann werden die Steine schreien.«
Und die wichtigste Steingeschichte, die sozusagen »den Stein ins Rollen bringt«, das ist der Stein vor der Grabeshöhle, der fortgerollte Stein, der die Auferstehung Jesu anzeigt. Und vielleicht, wenn Sie heute nachmittag spazierengehen, und Sie finden auf Ihren Weg einen Stein, dann heben Sie ihn auf, nehmen Sie ihn mit nach Hause, vielleicht wird er Sie daran erinnern: an diesen ersten fortgerollten Stein, wird Sie erinnern an die Auferstehung Jesu.

Osterhasen, Ostermenschen

Bildbetrachtung *Mechthild Werner*

Ein sinnliches Foto.
Männerhände - gerade noch beim Arbeiten und Zupacken. Gewöhnlich nicht zimperlich.
Doch jetzt ungewöhnlich zärtlich.
Zwischen den Fingern ein Häschen.
Gut festhalten - nicht zu fest und nicht zu locker.
Einklang zwischen Mensch und Tier.
Für einen Augenblick.

© Paul van Schie, Landau

Ein sinnliches Gefühl.
Der Mensch umgreift weiches, warmes, pochendes Leben. Mit feuchtheißem Atem über den Fingerkuppen - Leben begreifen.
Für einen Augenblick.
Das Löffelohr - gerade noch beim Flüchten.
Aus Angst vor dem großen Menschentier.
Doch jetzt hochgehalten, fest und warm.
Im schützenden Wall pulsierender Hände - Geborgenheit spüren.
Für einen Augenblick.

Ein sinnvolles Bild.
Gerade noch Arbeit, Hektik und Angst - Passion des Alltags.

Doch jetzt Muße, Ruhe und Geborgenheit –
Sonntag der Seele.
Möglicher Einklang aller Kreatur.
Friedliche Lebenslust. Von Osterhasen und
Ostermenschen.
Nicht nur für einen Augenblick.

Ich gebe zu, daß Maria mich beschämt

Dieter Schupp

Es ist an der Zeit zuzugeben,
daß Maria mich beschämt.
Ich wäre nicht hingegangen,
schon gar nicht so früh am Morgen.
Ich hätte mich noch einmal
auf die andere Seite gewälzt,
und wäre an jenem Tag danach
erst aufgestanden,
wenn ich sicher gewesen wäre,
daß die Luft rein ist.

Ich hätte mich gedrückt
aus Angst vor den Spaziergängern,
den römischen Soldaten
oder den Pharisäern,
die den Sonnenaufgang erleben wollten.
Kein Fenster hätte ich geöffnet,
keinen Riegel zurückgeschoben,
keinen Fuß vor den anderen gesetzt.
Jedes Geheimzeichen hätte ich mir verboten,
mich nicht zu den Verbündeten
zählen lassen.
Für geheime Zusammenkünfte der Verschworenen
bin ich nicht zu haben,
und überhaupt nicht dort zu finden,
wo es gefährlich werden könnte.
Von mir aus hätten alle Hähne der Stadt
noch einmal dreimal krähen können.

Ich weiß von mir,
daß ich ziemlich rasch mutlos werde
und resigniere,
daß ich ängstlich bin und feige,
keinen Mumm in den Knochen habe,
wie man so sagt, – und nur zu gerne bereit bin,
eine vergangene Sache
vergangen sein zu lassen.
Nach einer Enttäuschung ziehe ich mich zurück,
bei einem Widerstand gebe ich rasch auf.
Bläst mir der Wind ins Gesicht,
verdrück ich mich leicht
und stelle mich wie tot.

Ganz anders Maria,
die mich beschämt.
Sie verzichtet darauf,
ihres Schlafes Hüter zu sein,
steht auf in Allerherrgottsfrühe,
verläßt das Haus,
geht durch die Gassen der Stadt,
an den Wächtern vorbei.
Und geht, weil sie nicht wahr haben will,
was alle Welt für wahr hält.

Maria geht, um zu sehen,
was sie glauben will:
Es kann doch jetzt keine Vernichtung geben,
keinen endgültigen Schluß,
schon gar kein Basta
oder ein totsicheres Ende.
Auch ein bißchen Wahrheit
und ein bißchen Liebe,
kein Dreiachtel Leben
und keinen halben Glauben.

Die Fakten zählen für sie nicht
und so realistisch wie die Männer
will sie nicht sein.
Mit Leidenschaft nimmt sie das Gegebene
nicht hin.
Sie beginnt, draußen vor den Mauern,
umgeben von Blumen, Sonnenstrahlen
und Vogelgezwitscher,
nach dem Versprochenen zu suchen:

dem lebendigen Leben,
das den Tod schon hinter sich hat.
Und gerade dabei ist,
wieder die Sprache zu finden.
Prompt geht ihr etwas auf,
sieht sie klarer,
hört sie genauer hin:
Sie fühlt sich angesprochen
und so ist es auch.
Und damit geht alles weiter,
ich könnte auch sagen:
Damit fängt alles erst an.

Ich bin nicht so mutig,
auch nicht so couragiert wie Maria,
die nicht wahr haben wollte,
was wahr sein sollte.
Gott aber sei Dank,
daß es sie gab und noch immer gibt.
Sie und ihre Geschichte
mit all den Ostergeschichten, die folgten.
Es sind die Geschichten,
die mich immer wieder anmachen,
aus der Resignation wegrufen,
mich anstecken mit ihrem Mut
und mich in Bewegung bringen.

Dann sage ich,
allen Widerständen zum Trotz,
»Dennoch«, gehe aus mir heraus,
nehme nichts als endgültig hin,
schlage dem drohenden Ende ein Schnippchen.
Ich verlasse die schweigsame Mehrheit,
mache mich von der Moral der Masse los,
fürchte keine Gewalt mehr.
Ich fange an, mich zu rühren,
mich zu bewegen,
will nichts so lassen wie es ist,
glaube an die Wahrheit,
die mit dem von Maria Gesuchten
in die Welt gekommen ist.
Und erfahre, dann und wann, wie sie:
daß die Liebe so stark ist wie der Tod.
Nicht stärker,
aber immerhin: Genauso stark.

Liturgische Stücke

Votum

Hans Jürgen Milchner

Wir feiern diesen Ostergottesdienst
im Namen des Vaters und seines auferstandenen Sohnes.
Gott hat die Macht des Todes durchbrochen,
das Leben hat gesiegt.
Der Stein, den die Bauleute verworfen haben,
der ist uns zum Eckstein geworden.
Als seine Gemeinde bekennen wir es:
Der Herr ist auferstanden,
er ist wahrhaftig auferstanden.

Gebete zum Anfang

Heinz-Dieter Knigge

Herr, unser Gott,
dort, wo es nur noch Ende gab,
hast du einen Anfang geschaffen,
der ohne Ende ist.

Nun brauchen wir nicht mehr
an den Tod zu glauben.
Wir können dir vertrauen
und deiner lebenschaffenden Kraft.

Wir bitten dich:
Führe heraus aus den Gräbern,
die uns festhalten wollen.
Überwinde jetzt und in aller Zeit
unsere Tode - mit deinem Leben!

Traugott Giesen

Ach Gott, daß wir das erleben könnenl
Es ist ein Hauch von Dir selber,
den wir spüren können im Lebensmut,
der uns jetzt überfällt.
Gott, wir danken Dir,
daß nach Karfreitag Ostern wurde,
und daß der Tod verschlungen ist
in Deinen Sieg.
Amen

Wechsel-Gebet (vor Beginn der Osterfeier) *Hans Jürgen Milchner*

Einer: Dieses ist die Nacht, in der etwas Geheimnisvolles geschehen ist,
Alle: dieses ist die Nacht, in der Gott das Dunkel erhellen wird.
Einer: Darum laßt uns Gott Dank sagen, daß wir nicht in der Finsternis bleiben müssen,
Alle: sondern daß uns die Sonne des Ostermorgens entgegenscheinen wird.
Einer: Gott – hab Dank: Jesus ist nicht im Tode geblieben, das Kreuz ist nicht dein letztes Wort.
Alle: Gott – hab Dank – wir können bald Ostern feiern, das Fest der Auferstehung des Herrn.
Einer: So laßt uns hinzutreten in das Gotteshaus, in das Haus des Herrn,
Alle: um den österlichen Lobpreis erklingen zu lassen, um zu singen und zu loben in der Nacht von Ostern.
Einer: Christus ist das Licht.
Alle: Gott sei ewig Dank. Amen.

Ludwig Burgdörfer

Herr, Du auferweckter
Liebhaber des Lebens
wir wollen deine Auferstehung
in uns allen
wir wollen dich nicht länger

einbalsamieren und einsperren
lassen
wir wollen dich lebend
nicht als Mumie
für kirchliche Museen.
Komm herein zu uns
und sei unser Gast
zeig uns wie es sich mit dir leben
läßt
in uns ist eine große Leere
fülle sie aus
damit wir nicht sterben
schon lange vor unserem Tod
an dem großen ungestillten Hunger
unserer Seelen.
Komm wir wollen mit dir zusammen
das Leben bejahen
uns gegenseitig den Ostermorgen
liebmachen
damit das Lachen wieder wachwird
unter uns
und die Hoffnung unsere Gedanken
hüpfen läßt vor lauter Osterfreude
in uns
Amen

Warten auf Ostern

Helmut Herberg

Du, mein Gott,
ich warte auf den Frühling,
spüre einen großen Hunger
nach Sonnenstrahlen und frischem Grün,
nach Blumen und Blütenduft.

Mein Ohr wartet auf den Gesang der Vögel.

Der lange Winter hat mich unterkühlt,
die frühe Dunkelheit meine Sinne getrübt.
Der graue Nebel meine Arbeitslust gedämpft.

Mein Auge wartet auf den blühenden Apfelbaum.

Das Fernsehen hat meine Fantasie belegt
wie Fieber die Zunge.
Müde und träge bin ich geworden.

Mein Geist wartet auf den begeisternden Gedanken.

Mit dem Muster der Tapete schlafe ich ein.
Die Trennung vom warmen Bett fällt mir schwer.
Ich bekämpfe die Unlust
und zwinge mich zur Arbeit.

Meine Seele schreit nach Lebenslust.

Der Geruch von Enge wohnt in meinen Kleidern.
Der Wintermantel wird mir zu warm,
der Schal beginnt zu beißen.

Meine Haut sehnt sich nach einem Sonnenbad.

Du, mein Gott,
ich warte auf den Frühling,
auf neues Leben, auf Auferstehung,
auf deine Auferstehung in mir,
denn du hast gesagt:
Siehe, ich mache alles neu.

Kollektengebet *Hannes-Dietrich Kastner*

Die Nacht ist verflogen,
und ein neuer Tag will uns umfangen.

Gott,
fast zu schnell kommt mir der Wechsel vor.
Gestern noch:
die Klänge der Passionschoräle,
Bilder von Klagenden, Greinenden –
damals
und
heute;
dazu Gedanken an Christi Sterben und Tod …
und an menschliches Sterben bis heute.

Die Nacht ist verflogen,
und ein neuer Tag ist angebrochen.

Der Hauch des Todes -
über Nacht - verweht und vorbei.
Und der Duft deines Festes -
er kommt uns entgegen,
würzig und schön.
Dein heller Tag.
Eine Spur von Ewigkeit!

Gott,
noch steckt Müdigkeit in uns.
Noch sind unsere Gedanken träge
und unsere Glieder schwer.
Wir bitten dich:
Belebe uns durch die Lebendigkeit und Gegenwart Jesu Christ, damit wir uns diesem festlichen Tag mit fröhlicher Leichtigkeit hingeben. Amen.

Eingangsliturgien

Wolfgang Gerlach

Eingeständnis
Über Auferstehung zu jubeln - mit ganzem Herzen -
das fällt schwer.
Denn wir leben in unserer Welt des Todes,
verführt von Hast und Haben,
bedroht von Krankheiten zum Tode,
zum Tod der ganzen Schöpfung.
Barmherziger Gott, was soll aus uns und dieser Welt werden?
Hast du sie in deiner Hand?
Oder ist sie dir längst entgangen?
Sind die Lieder von der Auferstehung wahr?
Herr, erbarme dich solcher Fragen.
(Agende von Hessen Nassau, S. 188, gering abgewandelt)

Zuspruch
Durch die Zunge des Propheten spricht der Herr:
»Es wird nicht dunkel bleiben über denen,
die in Angst sind« (Jes 8,23).

Kollektengebet
Auferweckter Geist, erwecke auch uns,
nimm uns auf in deinen Glanz - denn:
Dein ist das Reich, und die Kraft und die Herrlichkeit
in Ewigkeit. Amen.

Begrüßung *Dietrich Mendt*

Am Morgen dieses Ostertages wollen wir einander mit dem uralten Ostergruß begrüßen, wie es die Christen in den orthodoxen Kirchen halten. Ich rufe euch zu: »Christus ist auferstanden!« Und ihr antwortet: »Er ist wahrhaftig auferstanden!«
(»Christus ist ...«)
Und nun schaut euch bitte einmal um, wer neben euch sitzt, und denkt daran: Sie oder er leben ebenso von der Aufestehung Jesu Christi wie ich selbst. Ihr Leben ist auf dem gleichen Grund erbaut. Deshalb haben sie es verdient, daß ich sie kennenlerne. Also begrüßt euch gegenseitig und sagt zueinander: »Christus ist auferstanden! Er ist wahrhaftig auferstanden!«
(Christus ist ...)
Und nun laßt uns *beten* und dazwischen singen »Kyrie eleison!«
(Die folgenden Texte werden jeweils mit dem Kyrie aus Taizé beantwortet)
Weil du gestorben bist, Herr,
können wir *leben*.
Wir vergessen oft,
daß wir unser Leben
allein dir zu verdanken haben.
Darum rufen wir dich an:
Kyrie ...
Weil du gestorben bist, Herr,
können wir *mit dir* leben.
Wir vergessen oft,
daß es sich lohnt,
mit dir zu leben.
Denn man lebt mit dir
besser als allein.
Darum rufen wir dich an:
Kyrie ...
Weil du gestorben bist, Herr,
können wir *miteinander* leben.
Wir vergessen oft,

daß uns nun nichts mehr trennt,
daß du uns alle
miteinander verbunden hast.
Darum rufen wir dich an:
Kyrie ...

Kollektengebet

Herr, du hast unser Leben durch dein Leben sinnvoll gemacht und von der Angst vor dem Tode befreit.
Darum bitten wir dich:
Laß uns dieses Leben als eine neue Möglichkeit ergreifen, zu leben wie du, gehorsam und ohne Angst,
der du mit dem Vater und dem Heiligen Geiste lebst und regierst heute, morgen und zu allen Zeiten.
Amen.

Vorspruch
zur Epistel des Ostersonntags:

Die Korinther hielten die Auferstehung nicht für einen leiblichen, das heißt realen Vorgang, sondern für einen rein seelischen, inneren. Sie sagten: »Wir sind in Wahrheit schon auferstanden.« Deshalb schreibt ihnen Paulus in der Epistel des Ostersonntages, die im 1. Korintherbrief im 15. Kapitel steht, folgendes: ...

Vorspruch
zum Evangelium des Ostersonntags:

Zuerst entdeckten drei Frauen, daß Jesus auferstanden ist. Das beschreiben alle Evangelien, aber am kürzesten und prägnantesten der Evangelist Markus in seiner Ostergeschichte. Sie ist zum Evangelium des Ostersonntags geworden und steht im 16. Kapitel des Markusevangeliums in den Versen 1-8: ...

Textlesung mit Zwischengebeten

Lesung von Matthäus 28,1-7 ...

Gebet

Herr, wir wissen oft nicht, wohin wir gehen sollen,
um dich zu finden.
Eigentlich müßte die Richtung für uns klar sein.
Wir müßten wissen, wo unser Galiläa liegt,
aber wir hören deine Stimme nicht,
wenn uns der Alltag umgibt,
wenn wir arbeiten und essen und feiern und schlafen.
Darum bitten wir dich:
Herr, erbarme dich!

Lesung
von Matthäus 28,8-10 …
Gebet
Herr, wir sagen nicht weiter, was wir von dir wissen.
Wir kennen viele Menschen,
denen geholfen werden könnte,
wenn sie etwas von dir wüßten.
Wir haben Verwandte und Freunde, Kollegen und Nachbarn, die dich alle nicht kennen.
Wir brauchen den Mut der Frauen am Grab,
die als erste und ohne Furcht von deiner Auferstehung berichtet haben.
Darum bitten wir dich:
Herr, erbarme dich!

Lesung
Matthäus 28,11-15 …
Gebet
Herr, manchmal sind wir auch bereit,
dich für Geld zu verleugnen.
Manchmal ist uns alles, was uns die Welt zu bieten hat,
wichtiger als du, als dein Wort und deine lebendige Gegenwart.
Du hast uns reich beschenkt.
Ein Leben mit dir ist besser als jedes andere Leben.
Und doch ist für uns ein anderes Leben oft verlockender.
Darum bitten wir dich:
Herr, erbarme dich!

Lesung
Matthäus 28,16-20 …
Gebet
Herr, du bist der Herr der Welt, und du bist unser Freund.
Das gibt uns besondere Chancen.
Das gibt uns mehr Möglichkeiten als jedem anderen Menschen.
Aber wir verweigern dir den Gehorsam
und entziehen dir unsere Freundschaft.
Wir schlagen die Chance, die du uns gibst, aus
und leben, als ob es dich nicht gäbe.
Darum bitten wir dich:
Herr, erbarme dich!

Herr, wir danken dir, daß du alle Macht besitzt
und daß du bei uns bist, trotzdem,
alle Tage bis an der Welt Ende.
Amen.

Texte zur Taufe

Taufgebet *Hannes-Dietrich Kastner*

Taufe
Überreichung des Tauflichtes
Kanongesang »Von allen Seiten umgibst du mich«
danach: »Fürbitten« (Taufstein oder Altar).

»Wach auf vom Schlafe«
Musik: Jacques Berthier
Text: © Les Presses de Taizé
Deutsche Rechte: Christophorus-Verlag, Freiburg i. Br.

Gebet

1. Wach auf vom Schlafe / erhebe dich vom Tod!
Christ ist erstanden, / Christ ist erstanden.
Wach auf vom Schlafe / erhebe dich vom Tod. /
Halleluja! / Halleluja!
Gesang: Wach auf ...

2. Gott, unser Vater:
wir danken dir für dieses Osterfest. / Wir danken dir für den Traditionsstrom. aus dem wir noch immer schöpfen. / Du willst unser Leben und nicht unsere Verehrung des Todes. / Du willst, daß wir das Leben liebhaben und entfalten. / So bitten wir dich: daß wir unsere Begabungen und Kräfte nicht darauf richten, Leben zu vernichten, sondern zu behüten.
Gesang: Wach auf ...

3. Gott, unser Vater:
du weißt, wie scheu wir sind – und wie schwer es uns fällt, die mit Christus begonnene Geschichte weiterzuerzählen – und weiterzuspinnen.
Wir bitten dich: mache uns phantasievoll und mutig, damit wir uns in die Reihe der Tradenten einfügen und den dunklen Prognosen für unsere Welt dein Osterevangelium entgegensetzen. Wecke uns auf, du Liebhaber des Lebens.
Gesang: Wach auf …

4. Gott, unser Vater:
wir danken dir für Laura, für die Lebendigkeit, für die Selbstverständlichkeit, mit der sie ihre Eltern und alle, die es gut mit ihr meinen, in Anspruch nimmt.
Berühre dieses Kind mit deiner Gegenwart und locke es in deine Zukunft, damit es seine Lebenszeit als von dir gefüllt erfährt.
Öffne Laura die Augen, alle Sinne,
damit sie den Reichtum deiner Schöpfung entdeckt und sich daran erfreut.
Gesang: Wach auf …

5. Gott, unser Vater:
es ist schwer, sich aus eigener Kraft aus filzigen Verhältnissen zu befreien.
Es ist schwer, zu durchschauen, wo wir dem Tod zuarbeiten und immer neue Tode großziehen. Wir bitten dich:
gib uns innere Freiheit,
Lüge – Lüge zu nennen.
Gib uns die innere Freiheit,
Kritik zu wagen
und Kritik zu ertragen
im Raum des Politischen und auch in der Kirche.
Gesang: Wach auf …

6. Gott, unser Vater:
wir denken an diesem Morgen an alle Bekümmerten,
an Menschen, die tot-müde sind,
an Menschen, die tot-traurig sind,
an Menschen, die sich den Tod wünschen.
Gott, Liebhaber des Lebens:
hab' sie lieb!
Wir denken an Menschen, die sich herrlich freuen können,
an alle, die uns viel bedeuten,
an Menschen, die mir wenig bedeuten – auch.
Verbinde uns durch dein Evangelium und wecke uns auf!
Gesang: Wach auf …

7. Gott, unser Vater:
deinen Frieden erbitten wir – für alle, die Frieden suchen.

Deinen Atem erbitten wir - für alle, die keine Geduld mehr haben.
Deinen Segen erbitten wir - für alle, die nur Mangel kennen.
Deinen Heiligen Geist erbitten wir - für uns und alle, die an diesem Tag Freude empfinden und dies nicht kleinlaut,
sondern mit uns singend äußern:
Gesang: Wach auf ...
Vaterunser ... Segen ... Lied

Taufgedächtnis *Hans Jürgen Milchner*

Eingang
(am Altar)

Der Friede Gottes sei mit uns allen. Amen.

Unser Herr Jesus Christus spricht: »Mir ist gegeben alle Gewalt im Himmel und und auf Erden. Darum geht hin und macht zu Jüngern alle Völker: Tauft sie auf den Namen des Vaters und des Sohnes und des Hl. Geistes, und lehret sie alles das halten, was ich euch befohlen habe. Denn siehe, ich bin bei euch, alle Tage, bis an das Ende der Welt.
Wer da glaubt und getauft wird, der wird seelig werden. Wer aber nicht glaubt, der wird verlorengehen.«

Gebet
Allmächtiger Gott, durch die Heilige Taufe sind wir in deinen Bund aufgenommen. Wie gehören zu dir und haben Anteil am Leben, am Sterben und an der Auferstehung unseres Herren Jesus Christus. Sende herab deinen Heiligen Geist, daß wir aus unserer Taufe leben und bekennen können, daß du allein unser Herr und Heiland bist. Durch die Taufe hast du uns ewiges Leben geschenkt, das schon heute - hier und jetzt in unserem Leben beginnen kann. Herr, hab Dank, daß wir dieses Zeichen der Heiligen Taufe erfahren haben, daß wir zu dir gehören dürfen. Durch unseren lieben Herren Jesus, dem auferstandenen und lebendigen Christus. Amen.

Lesung aus Römer 6
Der Apostel Paulus schreibt an seine Gemeinde in Rom: »Wißt ihr nicht, daß alle, die wir auf Jesus Christus getauft sind, auch in seinem Tod getauft sind? So sind wir mit ihm begraben durch die Taufe in den Tod, damit - wie Christus auferweckt von den Toten durch die Herrlichkeit des Vaters - auch wir in einem neuen Leben wandeln.
Denn - wenn wir mit ihm verbunden und ihm gleich geworden sind in seinem Tod, so werden wir ihm auch in seiner Auferstehung gleich sein. Wir

wissen ja, daß unser alter Mensch mit ihm gekreuzigt ist, damit der Leib der Sünde vernichtet werde, so daß wir hinfort der Sünde nicht mehr dienen. Denn wer gestorben ist, der ist frei geworden von der Sünde. Sind wir aber mit Christus gestorben, so glauben wir, daß wir auch mit ihm leben werden.«

Taufwasser
(am Taufbecken)
Durch Jesus Christus, dessen Auferstehung wir in dieser Heiligen Osternacht bedenken und feiern, haben wir Anteil an seinem Leben, an seinem Sterben und an seiner Auferstehung. Hier ist Gottes ganze Macht sichtbar geworden. Die Kraft Gottes umrahmt den Karfreitag, das Wunder der Taufe und das Wunder dieser Heiligen Nacht.
Seht, das Wasser ist Zeichen des Lebens. Wo kein Wasser ist, da verdorrt das Leben. Wasser kann Durst nach Leben löschen, Wasser hat eine rettende Kraft.
Das Wasser ist Zeichen der Heiligen Taufe geworden. Mit Wasser waschen wir unsere Schuld ab, weil Christus uns vergeben hat.
Im Zeichen des Wassers, des Urgrundes allen Lebens sind auch wir gestorben und auferstanden mit Christus und haben Anteil an seinem ewigen Leben.

Taufgedächtnis
Möge dieses Taufgedächtnis in der Heiligen Osternacht uns alle heilsam daran erinnern, daß auch wir getauft worden sind in den Bund und in die Gemeinde Jesu Christi. Gott hat unsere Schuld und unsere Sünde abgewaschen. Uns trennt keine Schuld mehr von ihm. Jesus Christus ist die Brücke geworden zwischen uns und ihm. Amen.

Die Taufe Jesu
(am Altar)
Hört in dieser Heiligen Nacht, wie Jesus einst im Jordan von Johannes dem Täufer getauft worden ist:
»Es begab sich aber zu der Zeit, daß Jesus aus Nazareth nach Galiläa kam und sich von Johannes im Jordan taufen ließ.
Und sogleich, als er aus dem Wasser stieg, sah er, wie sich der Himmel auftat und der Heilige Geist wie eine Taube auf ihn herab kam.
Und da erscholl eine Stimme aus dem Himmel: ›Du bist mein lieber Sohn, an dir habe ich Wohlgefallen. Du bist mein lieber Sohn.‹«

Gebet
Ja – lieber Herr – in dieser Heiligen Nacht bekennen wir, daß du das Licht der Welt bist. Wer dir nachfolgt, der wird nicht in der Finsternis dieser Nacht bleiben, sondern der wird das Licht des Lebens finden, das Licht, das

von Ostern, das aus dieser Heiligen Nacht hervorkommt. Herr, wir danken dir, daß wir zu dir gehören, daß du uns in der Heiligen Taufe uns all unsere Schuld vergeben hast. Herr, hab Dank dafür, daß wir zu dir gehören dürfen. Durch unseren Herren Jesus, dem auferstandenen Christus, unserem Heiland und Herren. Amen.

Tauflied

Einleitung zum Taufbefehl *Wilfried Depnering*

Wir freuen uns über diesen Ostermontag, an dem Svenja Tatjana F. und Felix B. getauft werden.
Wir feiern das Fest der Taufe, und die Familie und die Freunde haben sich versammelt, um dieses Fest gemeinsam zu feiern.
Wir freuen uns über Svenja Tatjana und Felix, daß sie dasind und unser Leben bereichern. Wir wünschen ihnen alles Gute und Gottes Segen auf ihrem Lebensweg.
Neben unserer Hoffnung spüren wir auch unsere Verantwortung für den Lebensweg der beiden.
Sie brauchen Liebe und Zuwendung.
Werden wir ihnen das immer geben können?
Wir spüren unsere eigenen Grenzen. Eltern können nicht immer perfekt sein. Und sie brauchen es auch nicht. Kinder wachsen auch an dem, was nicht 100% läuft. Da, wo Kinder geliebt werden, werden sie die Herausforderungen, die das Leben an sie stellt, meistern.
Jesus Christus hat seinen Jüngern die Furcht vor der Zukunft genommen. Das gilt auch für uns.
Er sagte seinen Jüngern damals und auch uns heute:
Fürchtet euch nicht! Mir ist gegeben alle Gewalt im Himmel und auf Erden. Darum geht hin und gewinnt die Menschen aller Völker für meine Sache. Tauft sie auf den Namen des Vaters und des Sohnes und des Heiligen Geistes; und helft ihnen, so zu leben, wie ich es euch gezeigt habe. Und denkt daran, ich bin bei euch alle Tage bis ans Ende der Welt.

Fürbitten und Schlußgebete

Wolfgang Gerlach

(Pastor)

Unser Gott, dieses geheimnisvolle Fest der Ostern bewegt die Gehirne und Gemüter seit 2 Jahrtausenden: Glaubende und Zweifler, Fragende und Verneiner ringen miteinander, um uns und oft auch in uns. Höre ihre Stimmen und erhöre sie:

(Lektor 1)

Ich lebe von Jugend auf in Sätzen, die ich gelernt habe und die mir seitdem vertraut sind: In deinem Sohne Jesus bist du, Gott, für meine Sünden gestorben. Und in demselben bist du auferweckt zu meinem großen Trost und wirkst als Christus fort. Diese Botschaft stärkt mich, indem ich sie immer wieder höre.

(Lektor 2)

Die Botschaft hör ich wohl, o Gott, doch höre du auch dies: Manchmal kommt es mir so vor, als gäbe es zwei »Bekehrungen«: Die eine, durch die dein Geist mich zu dir kehrt; und die andere, in der mein Verstand mich von Unglaublichem abkehrt. Sollte das mit zum Glauben, zu *meiner* Möglichkeit zu glauben gehören: Der ständige Wechsel von Hinkehr und Abkehr, von Zuhause sein und in der Fremde leben?

(Pastor)

Ich spreche hier zu dir, Gott, für alle, die im ältesten Osterevangelium nicht vorkommen: für uns Männer. So ist von denen zu reden, die sich versteckt haben, verschanzt hinter ihren Ängsten und Enttäuschungen und die sich schwertun mit einem Glauben an leeres Grab, Auferweckung, neuem Leben. Wir stehen vor dir als die, die die Erlebnisse der Frauen für fromme Wünsche halten, schwer zu verstehen, schwerer noch zu glauben. Gib auch ihnen ein Zeichen dafür, daß die Sache deines Sohnes weiterwirkt, obgleich sie doch am Kreuze hängt. Amen.

Hans Jürgen Milchner

Im Wechsel zu sprechen; Gemeinde singt zwischendurch die Kyrie-Strophen:

1. Laßt uns zu Gott, unserem Herren beten,
   der dieses Wunder der Heiligen Osternacht geschehen ließ:

2. Herr, wir hören deine Botschaft von Ostern:
   Nicht sterben werden wir, sondern leben,

ewig leben in dir.
Das ist die Botschaft dieser Heiligen Nacht,
der Nacht, wo der Schrecken des Todes besiegt wurde.
Herr, roll den Stein auch von unseres Grabes Tür!
Fürchtet euch nicht - der Herr lebt!
Herr - erbarme dich unser!

Kyrie-Strophe der Gemeinde (1)

2. Laßt uns zu Gott, unserem Herren beten,
der dieses Wunder der Heiligen Osternacht geschehen ließ:

1. Ja - Herr - die Tore deiner Gerechtigkeit
sind jetzt weit geöffnet,
der Vorhang des Tempels ist zerrissen.
Durch Christus können wir dich schauen.
Er ist der Eckstein geworden,
den die Bauleute verworfen haben.
Laßt uns heute fröhlich sein, in dieser Heiligen Nacht,
laßt uns ansteckende Freude haben,
die wir weiterreichen können.
Ja - Gott - du Gott des Lebendigen und der Lebendigen,
wir brauchen uns nicht zu fürchten, der Herr lebt,
erbarme dich unser!

Kyrie-Strophe der Gemeinde (2)

1. Laßt uns zu Gott, unserem Herren, beten,
der dieses Wunder der Heiligen Osternacht geschehen ließ.

2. Wir danken dir, daß du ein Einsehen mit uns hast.
Du hast dich uns im Kreuz und zu Ostern
zu erkennen gegeben.
Liebevoll dürfen auch wir zu dir Vater sagen.
Sei du mit uns, wenn wir in unser weiteres Leben gehen,
laß das Licht von Ostern uns begleiten
an all den Tagen, die wir noch leben dürfen.
Wir brauchen uns nicht zu fürchten - denn der Herr lebt!
Herr, erbarme dich unser!

Kyrie-Strophe der Gemeinde (3)

2. Laßt uns zu Gott beten, unserem Herrn,
der dieses Wunder der Heiligen Osternacht geschehen ließ:

1. Herr, wir vertrauen dir auch all die Menschen an,
denen Ostern fremd bleiben wird,
die sich nicht von der Freude anstecken lassen möchten,

die oft in ihren Sorgen und Ängsten ersticken,
die nach ihrem Wohlstand suchen
und unter ihm begraben werden.
Möge dein Wort von Ostern viele Menschen erreichen,
so daß sich die österliche Freude ausbreiten kann.
Wir brauchen uns nicht zu fürchten – denn der Herr lebt!
Herr, erbarme dich unser!

Kyrie-Strophe der Gemeinde (4)

1. Laßt uns zu Gott unserem Herren beten,
der dieses Wunder der Heiligen Osternacht geschehen ließ:

2. Herr, wir bitten dich,
sei du in deinem Sohn Jesus,
dem auferstandenen Christus jetzt mitten unter uns,
wenn wir als deine österliche Gemeinde
in dieser Heiligen Nacht von Ostern
das Mahl Jesu Christi feiern.
Stärke uns mit Brot und Wein,
laß beides uns zu einer Antwort werden,
daß du uns niemals alleine läßt,
weder im Leben noch im Sterben.
Sei uns nahe,
daß wir das Wunder deiner Auferstehung spüren.
Wir brauchen uns nicht zu fürchten – denn der Herr lebt!
Herr, erbarme dich unser!

Kyrie-Strophe der Gemeinde (5)

1. Dir – mein Gott, sei Lob und Ehre,
sei Dank für heute und für alle Zeit,
jetzt und in aller Ewigkeit.

Amen.

Peter Karner

Laß mich wieder aufstehen, lieber Gott, wenn die Müdigkeit mich umgeworfen hat
und ich erschöpft bin von der Zeit.
Laß mich wieder aufstehen, lieber Gott, wenn die Vergeblichkeit mich umgeworfen hat
und ich erschöpft bin von der Erfolglosigkeit meiner Aktionen.

Laß mich wieder aufstehn, lieber Gott, wenn die Bosheit der anderen mich umgeworfen hat
und ich erschöpft bin von den Niederlagen der Liebe.
Laß mich wieder aufstehn, lieber Gott, wenn die Aussichtslosigkeit mich umgeworfen hat
und ich erschöpft bin von der Ohnmacht der Hoffnung.
Laß mich wieder aufstehn, lieber Gott, wenn der Unglaube mich umgeworfen hat
und ich erschöpft bin durch Fragen ohne Antwort.
Laß mich wieder aufstehn, lieber Gott, wenn die Langeweile mich umgeworfen hat
und ich erschöpft bin von der Sattheit meiner Seele.
Laß mich wieder aufstehn, lieber Gott.

Traugott Giesen

Gebet
Gott, Du großes Wunder,
wir danken Dir,
daß Du uns in diesem Jesus
die Blüte des Lebens geöffnet hast
und wir daraufhin aus dieser Blüte
viel Samen und gute Frucht erfahren
und erbringen können.
Wir danken Dir für den ungeheuren Lebensmut,
den Du als Heiligen Geist in uns einpflanzt
und an uns austeilst,
nämlich diesen Mut,
immer wieder mit Dir
in einer unendelichen Geschichte sein zu dürfen –
und dies tun und dies leben und dies gestalten
im Teilen und im Nehmen,
im Herzen und im Ferne-sein vom Herzen.
Ach Gott, wir danken Dir,
daß wir doch auch glücklich sein können
wir schwierigen, wir arg schwierigen Menschen.
Wir bitten für Menschen in Depression und Verlassenheit,
wir bitten, daß wir Kraft haben zu helfen,
wo wir gemeint sein,
daß anderswo Du in anderen zu Hilfe kommst.
Du Liebhaber des Lebens,
der Du Dein Leben erträgst am eigenen Leib,

der Du die Leiden der Menschheit erfährst,
wie eine Mutter das Leiden ihres Kindes erfährt.
Gott, wir bitten in der Stille ein jeder das Seine hinzu …
Und sprechen gemeinsam:
Vater unser im Himmel …
Amen

Traugott Giesen

Herr Jesus,

Deine Auferstehung sei uns Wegzeichen für jeden neuen Tag, den wir beginnen dürfen im Licht der Hoffnung,
sei uns Weckruf aus Ohnmacht und Gleichgültigkeit.
Darum bitten wir: Gib allen Menschen dort, wo Leid und Not herrschen, den Mut zur Veränderung aus der Kraft der Liebe.

Kyrie eleison

Sende den Menschen, die in den Wirren von Kriegen – vor allem in den Gebieten des ehemaligen Jugoslawien – Unsägliches erleiden müssen, barmherzige Hilfe und kluge Vermittlung: Menschen, die mit Phantasie überzeugende Wege zum Frieden finden und dem Grauen ein Ende machen.

Kyrie eleison

Befreie die Mächtigen und die Gewalttätigen aus dem Gefängnis ihrer Angst, daß Gerechtigkeit und Sanftmut in ihren versteinerten Herzen gedeihe und reiche Frucht bringe.

Kyrie eleison

Wir bitten Dich für die Hungernden, daß ihnen Nahrung wachse aus Deiner Erde und aus unseren Händen. Wir bitten für die Heimatlosen, daß ihnen Wohnung wird unter Freunden. Wir bitten für die Gefangenen, daß ihnen neue Freiheit wird.

Kyrie eleison

Wir bitten Dich für die Christen dieser Welt, daß sie sich unter Deinem Namen zusammenfinden, alle Uneinigkeit vergessen und Duldsamkeit üben, damit ihre Kraft frei werde für die Liebe.

Kyrie eleison

Wir bitten für alle Alten und Kranken und Einsamen: Schicke ihnen Menschen, die sie liebhaben, die ihnen Mut zum Leben geben.

Kyrie eleison

Hilf uns anleben gegen Kummer und Tränen, Katastrophen und Nöte, gegen die Verwüstungen unserer Gedanken und Gefühle durch Resignation.
Befreie uns zu neuem Hören, neuem Sehen, neuem Fühlen, daß wir die ausgetretenen Wege verlassen und zu einem neuem Leben aufbrechen.

Vaterunser.

Dietrich Mendt

Lieber Gott,
du weißt, wieviel Angst wir alle vor dem Sterben haben
und wie gern wir leben.
Und heute, zu Ostern, versprichst du uns,
daß wir leben sollen
und daß der Tod nicht das letzte Wort über uns hat.
Dafür danken wir dir.

Und als du damals vor zweitausend Jahren
Jesus wieder lebendig gemacht hast,
haben es Menschen miterlebt und weitergesagt
und für uns aufgeschrieben.
dafür danken wir dir.

Aber die Welt heute ist so voller Sterben,
so voller Tod in Kriegen,
in Hungersnöten und Naturkatastrophen,
in schweren Krankheiten
wie Aids und Krebs,
daß wir an dein Leben nicht glauben wollen
und die Angst vor dem Sterben uns wieder packt.
Bitte hilf uns,
daß wir dir glauben
und wagen, zu leben, wie du es willst,
ohne Furcht vor dem Sterben,
aber im Vertrauen auf dich.
Amen.

Sendung und Segen

Dietrich Mendt

Und wenn ihr nun heimgeht
und Ostern feiert
und vielleicht sogar miteinander Ostereier sucht,
dann vergeßt nicht,
woran uns Ostern,
woran uns sogar Osterhasen und Ostereier
erinnern wollen:
an das neue, gute und sinnvolle Leben,
das wir mit dem lebendigen Jesus
leben können.

Es segne und behüte euch …

Hans Jürgen Milchner

Wenn wir jetzt zurückgehen in unsere Häuser und Wohnungen, so laßt uns gehen im Segen und mit dem Segen unseres Herrn:

Der auferstandene Christus segne euch,
er erfülle eure Herzen mit österlicher Freude,
er schenke euch das Licht von Ostern,
das euch aus seiner Ewigkeit entgegenstrahlt.

Der Herr erhebe sein Angesicht auf euch
und schenke euch seinen Frieden,
heute – und in aller Ewigkeit.

Die Autorinnen und Autoren

Pfarrerin Ingrid Adam, Mainz; Pfarrerin Ulrike Börsch, Wetter/Amönau; Pfarrer Dr. Ludwig Burgdörfer, Landau; Prof. Dr. Karl-Fritz Daiber, Marburg; Pfarrer Wilfried Depnering, Bad Schwalbach; Pfarrer Gerhard Engelsberger, Wiesloch; Pfarrer Dr. Wolfgang Gerlach, Essen; Pfarrer Traugott Giesen, Keitum/Sylt; Pfarrer Hansjörg Haag, Wächtersbach; Pfarrerin Ulrike Heimann, Düsseldorf; Pfarrer Helmut Herberg, Ulm; Pfarrer Dr. Wolfgang Herrmann, Holzappel; Superintendent Peter Karner, Wien; Pfarrer Hannes-Dietrich Kastner, Worms; Pfarrerin Ingrid Keßler-Woertel, Moormerland-Veenhusen; Pfarrer Heinz-Dieter Knigge, Göttingen; Pfarrer Wolfhart Koeppen, Ortenburg; Pfarrerin Sigrid Lunde, Bad Kreuznach; Pfarrer Klaus-Dieter Makarowski, Melle; Superintendent i. R. Dietrich Mendt, Dresden; Pfarrer Klaus von Mering, Langeoog; Pfarrer Hans Jürgen Milchner, Hunteburg; Pfarrer Dr. Jörg Rothermundt, Plüdershausen; Pfarrerin Claudia Rudolff, Felsberg; Pfarrerin Bärbel Schäfer-Goetz, Bückensohl; Pfarrer Dieter Schupp, Kaiserslautern; Pröpstin Helga Trösken, Frankfurt am Main; Pfarrerin Christel Weber, Bottrop; Pfarrer Karl Edzard Weber, Bottrop; Pfarrerin Mechthild Werner, Wörth am Rhein; Dekan Klaus Zillessen, Waldshut-Tiengen